나는 충무경찰서 유치장 초대가수였습니다

나는 충무경찰서 유치장 초대가수였습니다

2002년 2월 26일 1판 1쇄 인쇄 / 2002년 3월 5일 1판 1쇄 발행

지은이 이상수 / 펴낸이 임은주
펴낸곳 도서출판 청동거울 / 출판등록 1998년 5월 14일 제13-532호
주소 (135-080) 서울 강남구 역삼동 832-52 상봉빌딩 301호 / 전화 02-564-1091~2
팩스 02-569-9889 / 전자우편 cheong21@freechal.com

편집장 조태림 / 편집 조은정 / 북디자인 우성남 / 영업관리 정재훈

값 7,000원

잘못된 책은 바꾸어 드립니다.
지은이와의 협의에 의해 인지를 붙이지 않습니다.
무단 전재 및 무단 복제를 금합니다.
ⓒ 2002 이상수

Korean translation Copyright ⓒ 2002 Lee, Sang Soo.
All right reserved.
First published in Korea in 2002
by CHEONGDONGKEOWOOL Publishing Co.
Printed in Korea.

ISBN 89-88286-63-4
ISBN 89-88286-62-6(세트)

나는 충무경찰서 유치장 초대가수였습니다

● 이상수 인생이야기

청동거울

집착과 버림

인도 뉴델리에 갔을 때 나는 인도의 독특한 화장제도에 관심이 있어 시내의 한 화장장을 찾은 일이 있다. 델리의 변두리 야무나 강가에 위치한 화장장에 들어서는 순간, 시신을 태울 때 나는 냄새로 약간 역겨움을 느꼈으나 곧 그 냄새에 익숙해졌다. 노천의 여러 곳에 안치대가 설치되어 있었는데, 그 안치대 위에 나무를 쌓은 후 시신을 올려놓고, 다시 그 위에 나무를 쌓아 시신을 화장하고 있었다. 불교에서 말하는 다비식 같은 것이 행해지고 있었다.

돈이 많은 부자들은 나무를 충분히 사용해 시신이 완전히 타 재만 남지만, 돈이 없어 나무를 적게 사용하게 되면 시신은 다 타지 않은 채 그대로 강가에 버려져 물고기 밥이 된다고 한다. 인도인들은 죽으면 누구나 화장을 한다. 더운 지방이어서 시신이 빨리 썩기 때문에 사람이 죽으면 그날로 화장을 한다. 그런데 가족들은 별다른 표정이 없이 시신이 타는 것을 지켜보고 있었다. 동양적인 윤회사상에 길들여져서인지 그 동안 영혼이 입어 온 육신의 옷을 훨훨 벗어 던지고 새로운 윤회의 여행길을 떠나는 망인을 배웅하는 사람들처럼 담담하게 생의 여정을 바라보는 그런 분위기였다. 죽음은 새로운 출발이라는 생각으로 망인을 전송하고 있는 듯한 그들의 모습을 보면서 그들에게는 생사의 경계가 모호하다는 느낌마저 들었다. 영혼이 떠난 육신은 한낱 무의미한 물질적인 껍데기로 미련 없이 버려져야 한다는 그런 태도를 보여주고 있었다.

이집트의 미라가 보여주는 육신에 대한 집착은 인도의 화장문화와 극명한 대조를 이루었다. 이집트 룩소르에 있는 왕들의 계곡에 갔을 때 느낀 것이지만 고대 이집트 왕들이 가진 육신에 대한 집착은 상상을 초월할 정도로 강했다. 그들은 영혼의 불멸을 믿고 그 영혼이 언젠가 다시 찾아와 머무를 수 있도록 시신은 영원히 손실되지 않고 남아 있어야 한다는 신앙적 집착에서 시신을 미라로 분장시켰다.

미라를 만드는 방법도 정교한 여러 절차를 거치게 된다. 먼저 뇌는 콧구멍을 통해 금속고리로 꺼내고, 복강을 돌칼로 열어서 부드러운 내장을 꺼낸다. 그 다음 유해는 잘 씻어서 소금물 속에 한 달 이상 담가 두는데 어떤 시신은 건조시키는 데만 70여 일이 걸렸다고 한다. 그리고 시신을 부패시키는 물질이 못 들어가게 하기 위해 시신의 구멍이 뚫린 곳은 석회, 모래, 송진, 톱밥 같은 것으로 틀어막았다. 그 다음 아마포로 된 헝겊을 붕대 모양으로 감아 나갔고, 그 위에 역청 같은 물질을 뿌리는 지루한 과정이 계속된다.

시신에게 의식의 편린이라도 남아 있다면 그 시신은 얼마나 답답하고 고통스러울까? 그들 시신은 고통스러운 미라로 변모한 다음에도 죽음이 주는 평화로운 안식조차 가질 수가 없었다. 도굴꾼들을 피해 그들은 원래의 무덤에서 다른 곳으로 몇 차례나 옮겨 다니는 번거로움을 감수해야 했기 때문이다.

이집트의 미라나 인도의 화장제도나 다같이 영혼의 불멸이라는 신앙에 기초하고 있다. 그런데 미라는 현실에 대한 강한 집착, 바꿔 말하면 죽음에 대한 깊은 공포가 둘러싸고 있는 듯하다. 그들은 다시 환생하더라도 현재의 모습과 지위대로 태어나기를 바라는 지극히 보수적인 현실 집착성을 보여주고 있다. 반면 인도의 화장제도는 영혼이 환생하더라도 그 모습은 아무래도 좋다는 지극히 허허로운 자유인의 기상을 나타내고 있다고나 할까?

사실 버린다는 것은 어려운 일이다. 오랫동안 같이해 익숙해지고 길들여진 것을 버리라는 것은 더욱 어려운 일이다. 그런 의미에서 육신은 죽어서도 가장 버리기가 어려운 것 중의 하나일 것이다. 화장 이외에도 시신을 물 속에 버려 물고기의 밥이 되게 하는 수장, 시신을 숲이나 들에 버려 새나 짐승들이 먹게 하는 임장이 있다. 오늘날 죽은 후 시신을 기증하는 제도와 비슷한 것으로, 자신의 몸을 태워 버리는 화장보다 더 적극적인 버림의 모습이다.

물질적인 버림보다 정신적인 버림이 더 어렵다고 한다. 일생 동안 버림의 진리를 체득하기 위해 마음을 닦는 고승들이 끝내 득도의 경지에 이르지 못해 좌절하는 것을 보더라도, 인간이 마음을 비우고 욕망을 초극하는 것이 얼마나 어려운 일인가를 알 수 있다.

공자는 젊어서는 기(氣)가 일정하지 않으니 색을 조심하고, 장년에는 기가 강하니 싸움을 경계해야 하며, 노년에는 기가 약하니 받는 것을 조심하라고 했다. 젊어서 범하기 쉬운 색에 대한 자유분방함에서 오는 손실, 중년기에 나타나는 끝장을 보겠다는 태도, 늙어서 외로울 때 누가 좋은 말이나 좋은 것을 주었을 때 넘어가기 쉬운 유혹에서 벗어나라는 말이다. 인간의 소유욕은 끝이 없는 것 같다. 죽음에서조차 초연해질 늙은 나이에도 소유의 욕망은 끝이 없는 모양이다. 오히려 나이 들수록 소유하고자 하는 욕망은 더 강해지는지도 모르겠다. 어떤 사람들은 하나를 이루기 위해 나머지 열을 버리는 용기를 가져야 하고, 또한 그런 자(者)만이 역사의 위대한 성취, 위업의 반열에 오를 수 있다고 말한다. 그러나 우리 같은 보통사람에게는 익숙한 것으로부터 이별을 뜻하는 버림은 결코 쉬운 일이 아니다.

얼마 전 문상을 갔다가 팔순이 넘은 장인, 장모님이 걱정이 되어서 두 분의 장지를 미리 준비해 두어야겠다고 생각했다. 그런데 뜻밖에도 두 분은 죽은 후 화장을 하고 싶다고 했다. 그 담백한 자세를 보고 속으로 일종의 존경심을 갖지 않을 수 없었다. 죽음은 멀리 있는 것이 아니다. 우리가 못 느낄 뿐 가까이 있다. 죽음을 준비하는 모임이 있다고 한다. 나도 이제 죽음을 준비하는 자세로 생을 살아야 하지 않을까? 그냥 묻힐 것인지 화장을 할 것인지 더 나아가 시신을 기증할 것인지도 한번 생각해 보고 싶다. 그것보다도 어떻게 남은 생을 보람 있게 살다가 이 세상을 미련 없이 떠날 수 있을지를 더 깊게 생각해 보아야겠다. 죽음이라는 절대적인 버림을 주체적으로 맞이하고 싶다.

(2001. 10)

나의 애장품

나이가 들수록 추억이 서리거나 손때가 묻은 물건들이 주변에 하나둘 늘어가게 된다. 나도 이제 소장품이라며 내놓을 만한 몇 개의 물건을 가지고 있다. 그 중에 특히 애착이 가는 것을 고르라면 나는 서슴없이 국전 초대작가인 양인옥 선생이 그린 인물화와 마테 알테리가 부른 토셀리의 세레나데가 실린 음반을 들 수 있겠다.

나에게 그 둘은 이제 단순한 소장품이 아니라 가장 아끼는 애장품이라고 불러야 할 것 같다. 그 둘은 언제나 보고 들어도 싫증이 나지 않고 그 자체로서 좋지만, 나아가 여러 가지 추억이 담겨 있어 더 애착을 느끼게 한다.

양인옥 선생의 인물화를 내가 구입한 것은 1981년 여름으로 기억된다. 그때 나는 광주지방법원 판사로 근무하고 있었는데 가끔 시간이 나면 시내 화랑을 찾는 것이 취미 중의 하나였다. 예향이라는 이름에 걸맞게 광주의 화랑에는 옛날 민화를 비롯해 동양화, 서양화 등 유명한 화가들의 그림이 많았다. 그러던 어느 날 나는 한 화랑에서 양인옥 선생의 인물화와 마주치게 되었고 한

동안 그 그림에 매료되어 발을 뗄 수가 없었다. 완벽한 균형미를 보여준 데생력은 말할 것도 없고, 연갈색의 수수한 분위기 속에 담긴 청순하면서도 타는 듯한 소녀의 눈길이 나의 마음을 끌었다. 나는 화랑 주인을 통해 그 그림을 그린 화가가 목포교대 교수로 재직하며 국전 초대작가로 활동중인 양인옥 선생이라는 것을 알게 되었다.

그날 집에 돌아와서도 그 그림이 자꾸 떠올라 끝내 그 그림을 사겠다고 마음먹고 다시 화랑을 찾아가 그림값을 물었더니 그때 나의 봉급 전부에 해당하는 거금이었다. 나는 그 화랑 주인에게 다른 사람에게 팔지 말고 조금만 기다려 달라고 부탁한 후 2개월 후 나온 여름 보너스를 전부 주고 그 그림을 사게 되었다. 나로서는 최초로 거금을 주고 산 그림이었다. 박봉의 월급을 털어서 산 그림이어서인지 지금도 그 그림을 보고 있노라면 그 어떤 자부심까지 느낀다.

그후 나는 오늘날까지 이 그림을 가장 가까운 곳에 걸어 놓고 늘상 보고 지낸다. 나이가 들면서 색감에 대한 취향이 달라져 수수한 갈색을 좋아하던 젊은 시절과 달리 이제 강한 원색이 마음에 든다. 그래서인지 빨간 장미꽃 그림과 같은 정물화를 좋아하게 되었다. 그렇지만 이 애장품만은 언제나 갈색의 수수함 속에서 청초한 신비의 미소로 나에게 다가온다. 가끔 나를 찾아온 사람들이 이 그림을 보며 좋다고 하면서 혹시 그림을 그리는 아내의 작품이냐고 묻기도 한다. 나는 그럴 때마다 나의 아내 그림보다 몇 수 위인 그림인데 왜 사람들이 이 그림의 참값을 몰라 주는가 하는 아쉬움을 지워 버릴 수가 없다.

내가 좋아하는 노래인 토셀리의 세레나데가 수록된 음반을 구한 것에도 특별한 사연이 있다. 원래 나는 가곡 부르기를 좋아하는데 특히, 토셀리의 세레나데를 잘 부른다. 술이라도 몇 잔 마시고 얼큰히 취한 기분에 한껏 감정을 넣어 이 노래를 부를 때면, 나마저 이 노래에 취해 함께 흘러가는 기분에 젖곤 한다.

이 토셀리의 세레나데가 직접 노래로 불리워지는 음반을 찾을 수가 없어 언제나 아쉬워해 왔는데, 어느 날 이 세레나데가 소프라노 가수의 노래로 흘러나오는 것을 듣게 되었다. 1985년경 변호사로 일할 때 광화문 근처의 한 다방에 들렀다가 뜻밖에도 이 세레나데가 노래로 나오는 것을 듣게 된 것이다. 고음의 여성 소프라노의 강한 음색이 청아한 감미로움과 함께 나의 귓전을 때릴 때 나는 사실 숨이 막힐 것 같은 깊은 감동을 느끼게 되었다.

똑같은 곡도 누가 연주하느냐, 누가 부르느냐에 따라 다른 맛이 난다고 하지만, 인생의 애절함을 애타게 몸으로 부르는 듯한 남미풍의 감미로운 곡조는 나를 완전히 매혹시켰다. 가수의 다채로운 생의 체험이 농축되어 빛나는 것 같은 고혹적인 음색은 내가 상상할 수 있는 최고의 수준의 노래라는 생각을 갖게 해주었다.

나는 그 다방의 디스크자키로부터 그 노래가 금성출판사에서 만든 세계음악대전집에 실린 마테 알테리라는 가수의 노래라는 것을 알게 되었다. 그리고, 그 금성출판사에서 나온 음반집은 내가 대학 1학년 때 선배 하숙방을 찾아가 즐겨 듣던 〈무정한 마음〉, 〈오 나의 태양〉 등이 수록된 그 음반집이라는 것도 알게 되어 시중에서 쉽게 구할 수 있을 것으로 생각했다. 그런데 워낙 오래된 음반이어서인지 신품은 물론 중고품조차 구할 수가 없었다. 나는 할 수 없이 그 다방 주인을 찾아가 새 음반 30장을 사줄 터이니 그 음반을 나에게 주라고 요청했다. 그 주인은 그런 교환이 이익이 된다고 생각했는지 아니면 나의 색다른 집념에 감동했는지 순순히 이에 응해 주어, 나는 그 음반을 구해 들고 집에 돌아올 수 있었다.

집에 돌아온 날 밤, 그 노래를 듣고 또 들으며 함께 열창했던 기억은 지금도 기억에 선하다. 나는 이 노래를 음반에서처럼 원어로 불러 보겠다고 생각하고 가곡집과 대조해 보았더니 가곡집에 나와 있는 이태리어 가사와는 달라, 스페인어로 부른 것이라 생각하고 그냥 넘어갔다. 왜냐하면 노래풍이 〈라파로마〉

를 부르는 스페인 가수의 분위기와 비슷했기 때문이다.

그런데 마테 알테리가 스페인 가수가 아니라 불란서 가수라는 것을 인터넷을 통해 뒤늦게 알게 되었다. 내 불어에 대한 무식함에 실소했지만, 마테 알테리가 불란서의 샹송 가수이자 클래식 가수이기도 하다는 것을 알았을 때 그녀가 부른 토셀리의 세레나데가 왜 그렇게 감미롭고 애절한 분위기로 나에게 다가왔는가 알 수 있게 되었다.

나는 그후 마테 알테리의 이 노래가 실려 있는 원판을 구해야겠다고 생각하고 있지만, 아직 그 뜻을 이루지 못하고 있다. 그러나 지금도 낡아 잡음이 섞인 이 음반으로 그녀의 노래를 듣고 있지만 컴팩트디스크를 통해 느끼기 어려운 또 다른 친근감과 감흥을 매번 선사받는다.

가끔 나는 언제나 보고 들어도 싫지 않은 이런 애장품과 같이 나를 항상 훈훈한 즐거움으로 감싸 주는 그런 친구가 있는가 하고 자문해 볼 때가 있다. 젊은 날 목숨과도 바꿀 수 있는 순수한 우정을 찾겠다며 고뇌하던 그 불타던 정열이 세월의 흐름과 함께 사라져 가는 안타까움을 느끼며 새삼 자신의 삶이 낡고 빛바래지고 있다는 서글픈 느낌을 갖게 된다. 생텍쥐페리가 『어린 왕자』에서 말한 '길들임'을 위해 나는 무엇을 했는가, 무엇을 하고 있는가, 다시 자문해 본다.

(2002. 1)

내가 본 이상수

제약회사 샐러리 맨의 유쾌한 배반
― 한독약품 영업사원 시절 전국 세일즈왕

안봉식(전남 벌교읍 '평화당' 약방 경영)

우리 집은 누대에 걸쳐 벌교 땅에서 약방을 경영했다. 나는 1974년 봄 한독약품 영업사원으로 내려온 이상수를 처음 만났다. 그와 거래를 시작하면서 나는 대를 이어 해온 약장사에 이골이 난 이력을 내세우며, 신출내기 영업사원 이상수 따위는 안중에도 없었다.

007 가방 하나 달랑 끼고 교통 사정도 좋지 않았던 당시, 흔들거리는 버스에 의지하여 전남 일대 약국을 쏘다니며 약을 팔고 수금하는 일은 결코 녹록한 일은 아니었다.

'자네가 지금은 이렇게 웃고 다니지만 언제까지 버틸지는 모르겠군.' 아마도 이런 심보가 나에게 있었던 것 같다. 그러나 그는 내 생각을 유쾌하게 배반했다. 당시 지방의 영업 세계는 보수적이었다. 당연히 기존 관계를 중시했다. 그에 맞서는 그만의 비결은 실력이라는 정공법이었다.

무엇보다 그는 해박한 자사 제품에 관한 지식으로 그 방면의 전문가인 약사나 약종상의 혀를 내두르게 했다. 지금도 '캄비숀 연고'를 비롯하여 한독약품 제품을 성분까지 줄줄 꿰며 약의 효능을 설명하던 그의 모습이 눈에 선하다.

게다가 그는 자신의 전공도 기꺼이 활용했다. 자영업인 약국들은 세금내는 철이 오면 세금 문제로 너나없이 골머리를 앓았다. 그는 법대 졸업생이라는 자신의 이력을 십분 활용, 그해 6월 자진해서 세무 상담사가 되었다. 세무 상담 마케팅은 매우 위력적이어서 그해 그는 전국 영업 성적 1위를 기록했다.

그러나 그 무엇보다 내 기억에 남아 있는 것은 그의 대범한 영업 방식이다. 우리 약방은 그의 소속사인 한독약품의 잔고가 잔뜩 남아 있는 소위 불량 거래처였다. 나는 의당 그가 우리 약방과 거래량을 줄일 것이라고 생각했다. 하지만 그는 잔고 파악과 함께 우리 약방의 영업 상황을 분석하더니 소위 잘 나가는 약인 '훼스탈'을 중심으로 아낌없는 물량 공세를 퍼부었다.

수 개월이 지난 뒤 우리 약방에서의 한독약품 매출이 부쩍 느는 것을 보면서 그가 겨냥한 것이 무엇인지 깨닫게 되었다. 그후 고시 재도전을 위해 상경하는 그를 불러 밥을 사면서 이런 농담을 했다.

"내가 장담하건대 자넨 분명 패스할 걸세. 자네 같은 배포와 현실의 이면을 꿰뚫는 눈이면 충분할 걸세. 내 부탁이 하나 있는데 고시에 패스하면 검사는 하지 말게. 검사는 죄를 주는 역할인데 자네 같으면 몇 사람 죽여 놓을 걸세."

이상수가 고시에 패스했다는 소식에 나는 무릎을 치며 나의 사람 보는 안목에 만족했다. 그러나 그는 검사 운운했던 나의 좁은 시야를 비웃듯 판사 시절을 서둘러 마감하고 인권 변호사로 변신함으로써 다시 나의 허를 찔렀다.

어머, 이 남자 정말 멋있네!

강수연(영화배우)

요즘 나는 본격적으로 정치에 입문했다. 당연히 최대의 관심사는 대권 창출이다. 그런데 걱정이다. 전인화 중전(中殿)이 치부책을 공개해 상감마마의 신뢰는 얻었지만 제일 중요한 대군(大君)은 언제나 생산할 건지…….

한번 이 총무님을 우리 〈女人天下〉에 출연시켜 보면 어떨까? 그래서 꼿꼿한 처신을 하다가 간신들에게 모함을 받아 귀양 가신 우리 아버지(오위도총관 정윤겸)와 짝을 이루어 정치 개혁을 한번 해보면 만사형통일 텐데……. 내가 명색이 전인화 중전의 장자방이니 이 총무님이 벼슬길에 나서는 것은 문제도 아닌데 한번 제안해 볼까?

사실 나는 오래 전부터 이 총무님을 지켜보았다. 내가 이상수라는 이름을 처음 알게 된 것은 14대 총선 직후 한 일간신문의 기사를 통해서였다. 14대

총선에서 고배를 마신 이 총무님이 승자인 '대발이 아버지' 이순재 선생님과 함께 밝게 웃고 있는 사진 기사였는데 이 총무님이 패배를 깨끗이 인정하고 승자를 진심으로 축하하고 있다는 설명이 붙어 있었다. 그 기사를 보면서 이 총무님의 인상이 너무 좋아서 기억하고 있었다.

그리고 얼마 안 있어 이 총무님을 고려대학교 언론대학원 1기 학생으로 첫 대면을 했다. 10여 년 전 이야기이니 이 총무님과 나는 10년지기인 셈이다. 그런데 학교 생활을 하며 이 총무님과 몇 번 모임을 갖게 되면서 사진 속의 그 인상이 결코 가식이 아니었다는 것을 알게 되었다. 이 총무님은 패배를 한번쯤은 분해할 만도 할 텐데 항상 그런 기색 하나 없이 패배를 자기 부족 탓으로 돌리고 더욱 열심히 하는 것 외에 다른 도리가 있겠느냐는 투였기 때문이다. 이 총무님의 그런 모습을 보며 어느새 '어머! 이 남자 정말 멋있네'가 되고 말았던 것이다. 이게 지금 이런 글을 쓰게 된 인연의 시작이다.

내 자랑 같지만 나는 기초가 튼튼하다는 얘기를 곧잘 듣는다. 사실 제일 기분 좋은 말이다(내로라 하는 평론가들의 얘기니 듣기 좋으라고 하는 얘기만은 아니겠지만?). 그런데 프로끼리는 알아본다고 이 총무님한테서도 기초가 튼튼한 사람이라는 느낌을 줄곧 받아 왔다. 〈女人天下〉에 한번 등장해 볼 만한 캐릭터로 생각하는 것도 바로 이런 이유다.

얼마 전에 이 총무님이 자기 홈페이지가 생겼다고 자랑하길래 한번 들러 본 적이 있었다. 불의에 타협하지 않았던 대쪽 판사, 사회적 약자들을 대변하기 위해 감옥에 가는 것도 서슴지 않았던 인권변호사, 패배를 깨끗이 인정하고 승자를 진정으로 축하하는 '패배한 승리자', 아무튼 똑부러지는 정치인인 줄은 알고 있었지만 솔직히 그렇게 경력이 화려할 줄은 몰랐다. 경력을 감안해 〈女人天下〉에 캐스팅된다면 영락없는 영의정감이다. 그렇게만 된다면 우리 아버지 정윤겸 장군의 억울함도 풀 수 있을 텐데·······.

　요즈음 세상 이야기를 듣다 보면 쓸 만한 사람, 믿을 만한 사람이 없다는 얘기를 자주 듣는다.
　예나 지금이나 정치권력이란 권모술수가 판치는 〈女人天下〉와 다를 바 없다는 생각을 주제넘게 해보면서 '깨끗한 정치', '참신한 정치인'이 기다려진다. 하지만 이 총무님은 잘난 척하지 못하니 안타까울 뿐······.

나는 충무경찰서 유치장 초대가수였습니다

머리말

나의 진솔한 인생 이야기

수필집다운 수필집을 한 권 내는 것이 나의 오랜 바람이었다. 누구도 의식하지 않고 보고 느낀 것을 솔직히 담은 글들을 모아 아담한 수필집을 내고 싶었다. 그 수필집에는 삶의 의미를 내 나름대로 해석하고, 채색한 나의 진솔한 인생 이야기가 담겨 있을 것이다.

이 수필집은 나의 이런 바람에서 빚어졌다. 나름대로 진솔하게 내 모습을 담으려고 애썼다.

나는 이미 20여 년간 신문, 잡지에 기고했던 글들을 모아 『사람 값과 사람 대접』이라는 책을 내기도 했었다.

그 책에는 암울했던 5공 시절 학생이나 노동자를 변론하며 얻게 된 체험이나 생각, 민주화운동에 동참했다가 구속까지 당하며 겪은 고뇌와 분노, 정치판에 뛰어들어 갖게 된 도전과 좌절 등이 담겨져 있다.

그래서인지 내용이 좀 딱딱하고 정치적이라는 느낌을 떨쳐 버릴 수가 없었다.

이번의 수필집은 지금까지 내가 쓴 글 중에서 가능한 한 정치적인 주제의 글은 빼고 일상 생활과 관계된 글들을 한자리에 모은 것이다. 편안한 마음으로 독자들과 대화하고 싶은 욕심의 산물이라

할 수 있겠다.

  원고를 교정하면서 통독해 보니 오랜 기간에 걸쳐 쓴 글들이지만 삶에 대한 나의 태도가 꽤 일관되게 나타나 있는 것 같다. 삶의 유한성을 인정하면서도 그 삶을 다채롭게 보내겠다는 노력과 방황이 엿보인다.

  괴테는 파우스트에서 "모든 이론은 회색이요, 생은 초록색이다"라고 말했는데, 나도 그 초록의 생을 추구하며 삶의 여정을 달려온 것 같다. 그리고 그 여정의 모습들이 소박하게나마 이 수필집에 독특한 삶의 색조로 투영되어 있다.

  촉박한 기일에도 불구하고 기꺼이 출판을 맡아 준 청동거울의 식구들에게 감사드리며, 이 책을 펴도록 권하고 조언해 주신 고려대 최동호 선배께도 감사드린다.

2002년 2월
이상국

나는 충무경찰서 유치장 초대가수였습니다

차례

- 머리말 / 나의 진솔한 인생 이야기 18
- 이상수 권두에세이
    집착과 버림 4
    나의 애장품 8
- 내가 본 이상수
    안봉식 / 제약회사 샐러리 맨의 유쾌한 배반 12
    강수연 / 어머, 이 남자 정말 멋있네! 14

1부
노래로 만난 나의 이웃들

- 24 노래와 함께 하는 삶
- 28 인생은 페르시아의 융단 같은 것
    ―젊은 지성인들에게
- 33 술과 멋
- 36 서편제와 카스트라토
- 40 충무경찰서 유치장의 초대가수 시절
- 43 주는 것과 받는 것
- 47 지리산, 홀로 찾은 진홍빛 계곡
- 55 동호동락(同好同樂)
- 58 우리를 감동시킨 5월의 결혼식
- 66 돈과 인생
- 71 인권 변호사 삼총사
- 76 시간의 의미
- 78 조조영화와 낮술
- 80 다이애나, 그녀의 삶의 무게
- 84 인간의 집념
- 88 광활한 대지 위의 향수

2부
절망 끝에서 희망 낚기

우리가 찾아야 할 순수한 자아 92
—생텍쥐페리, 『어린 왕자』
가십난의 허실 102
정치인의 용기 105
노무현 형에게 108
주부의 표를 휩쓴 대발이 아빠 116
낙선 소회(所懷) 120
1996년, 정치인의 만추 감회 124

    이 땅의 사람 값과 사람 대접 126
    서울시가 벌인 땅장사 140
    사회안전법이라는 괴물 146
    수치심을 떨쳐 버린 권인숙 양의 용기와 희생 168
    권인숙 양 성고문사건 고발장 172
    고문의 진상은 밝혀져야 한다 184
    법정에서 본 노동사건 201

3부
나의 친구, 서민의 벗 이상수

230 이돈명 ● 인사동 골목의 '불량 변호사들'
                  —오늘의 민변 전신인 정법회 총무로 활약
232 이순재 ● 패배를 인정할 줄 아는 포용력
234 김학철 ● 이상수 의원이 바로 태조 왕건?
236 김건모 ● 이상수 총무님, 큰 그림 그려 보세요

1부
노래로 만난 나의 이웃들

나는 충무경찰서 유치장 초대가수였습니다

노래와 함께 하는 삶

나는 노래 부르기를 좋아한다. 특히 가곡 부르기를 좋아한다. 그리고 그 솜씨도 수준급이라는 칭찬을 받을 때가 많다. 술이라도 몇 잔 걸치고 기분이 좋아 한 곡 멋있게 뽑을 때면 나를 잘 모르는 사람들은 성악을 전공했느냐고 묻기도 한다. 공업고등학교를 나와 학교에서 정식으로 노래를 배울 기회가 적었지만 누님들로부터 어깨 너머 배운 실력으로 웬만한 가곡은 다 부를 수 있다. 동료 국회의원들과 같이 로마 여행을 갔을 때는 베니스 거리 가요제에 특별출연하여 〈오 솔레미오〉를 불러 열렬한 앵콜을 받았고 동료 의원들이 모자를 벗어들고 거리의 여행객들로부터 돈을 거두는 촌극을 연출한 일도 있다. 선거 때는 연설 대신 구성지게 유행가를 불러 아줌마들의 표심을 휘어잡기도 했다. 그뿐만이 아니다. 원내총무에 당선되어 축하연을 하던 날 폭설로 반주자가 오지 않아 초청된 성악가가 무반주로 노래를 하게 되었다. 나는 미안한 생각이 들어 우정출연을 했는데 초청 성악가보다 더 환호를 받아 그를 무색

케한 무례를 범하기도 했다. 대학 때는 〈무정한 마음〉 〈남몰래 흘리는 눈물〉 등을 잘 불러 여학생들의 흠모의 대상(?)이 되기도 했다. 사실 젊은 날에는 이태리 칸초네, 우리 가곡 등 종횡무진으로 불렀으나 요즈음은 우리 가곡을 많이 부른다. 최근에는 〈청산에 살리라〉가 18번이 되었다. 김연준 전 한대 총장이 윤필용 사건에 연루되어 억울하게 옥고를 치르면서 자신의 비장한 심회를 노래한 것이라고 하는데 가사도 좋고 곡조도 맘에 들어 최근 즐겨 부르게 되었다.

그런데 대중가요로서 나의 18번은 도무지 변함이 없다. 언제부터인지는 모르나 〈홍도야 우지마라〉가 나의 18번이 된 후 요지부동의 자리를 차지하고 있다. 이 노래는 회갑연같이 여러 사람들이 밴드라도 불러놓고 질탕하게 춤이라도 추는 분위기에서는 더할 나위 없이 위력을 발휘해 나의 진가를 유감없이 과시할 수 있게 해준다. 그런데 조용한 장소에서 이 노래를 부르게 되면 흥을 낼 수가 없어 노래도 맛을 잃고 솜씨도 발휘할 수 없게 된다. 주변에서 18번이 너무 구닥다리여서 여성표를 잡기에는 한계가 있다고 하며 좀 젊은이들이 좋아하는 노래로 바꾸라고 한다. 그래서 〈만남〉〈애모〉〈사랑을 위하여〉 등 18번 바꾸기 시도를 해보지만 여의치가 않다.

나는 군대 생활의 후반을 전방 OP에 파견 나가 보냈는데 OP병커에서 장교 1명과 사병 3명이 함께 생활하였다. 그런데 우리 소대장격인 심 소위가 노래를 좋아해 우리는 저녁이면 함께 드러누워 노래를 불렀다. 심 소위는 우리에게 〈달밤〉이라는 가곡을 가르쳐 주어 나도 제대 후 그 노래를 즐겨 부르곤 했다. 노래를 불러서인지 병영 생활도 즐거웠고 서로간의 전우애도 무척 돈독했던 것 같다.

명절 때 고향집에서 가족이 모이면 조카들이 나를 어려워하고 서먹서먹해 한다. 식사 후 내가 멋지게 가곡이라도 한 곡 부르고 성악을 전공한 조카가 이어 노래를 부르면 어느새 분위기가 바뀐다.
 노동자를 돕다가 권력에 밉보여 충무서에서 옥고를 치르던 때의 일이다. 충무서 노래자랑대회에 감방 대표로 나가 1등상으로 담배를 타서 동료 수인들에게 주었을 때 그들의 다정한 눈빛, 존경의 마음은 지금도 잊을 수가 없다. 민주화운동을 하다가 들어왔다며 목에 힘을 주고 가부좌를 하고 있을 때보다는 동료 수인들로부터 훨씬 존경을 받았다.
 옛날 변호사 시절 참 좋은 단골 술집이 리베라 호텔 건너편에 있었다. 조그만 카페형 술집인데 술집을 거의 온통 피아노 건반이 차지했고, 손님들은 피아노 건반을 탁자로 삼아 주변에 쭉 둘러앉아 술을 마셨다. 주인 마담의 피아노 솜씨가 수준급이어서 손님들이 신청하는 곡은 무슨 곡이나 다 연주해 주었고, 우리는 취흥이 도도해지면 반주에 맞춰 함께 노래도 불렀다. 그곳을 찾은 사람들은 하나가 되어 노래도 부르고 나중에는 통성명을 하고 여러 가지 세상사도 같이 나누는 그런 사이로 변모시켜 주는 술집이었다. 그런데 그 술집도 어느 날 사라지고 말았다. 그 고운 마담의 마음을 누가 울렸는지 마담은 실연의 상처를 안고 어디론지 떠나 버린 것이다.
 내가 대학을 다니던 1960년대 말에도 대한일보 빌딩 옆에 모두가 같이 노래 부르던 큰 술집이 있었다. 그곳에 가서 맥주를 시키고 모두가 하나 되어 노래 부르던 그 낭만적인 시절이 그립다. 지금도 그런 분위기의 술집을 좀 찾을 수 있으면 좋겠다. 누구나 부담없이 들러 같이 가곡을 부르며 어울릴 수 있는 그런 술집이 시내 몇 군데 있었으면 얼마나 좋을까?

요즘에는 노래방이나 단란주점이 많다. 모처럼 친구들과 함께 그곳에 가 노래라도 한 곡 부르려고 해도 나의 18번〈청산에 살리라〉를 부를 수 있는 곳은 별로 없다. 보다 대중적이면서도 함께 더불어 노래할 수 있는 집, 특히 우리 가곡을 즐겨 부를 수 있는 그런 술집이 있었으면 좋겠다.

노래는 시와 함께 인간의 마음을 순화시키는 최고의 힘이다. 노래가 있는 곳에는 불화가 있을 수 없다. 서울에 갓 이사와 청량리 전셋집에서 누나들과 함께 살며 명절이 다가와도 고향을 가지 못하는 마음을 달래며 가곡집을 들고 처음부터 아는 대로 가곡을 부르곤 했던 그때의 단란한 분위기가 그립다.

어느 대학 교수가 청소년기에 시를 많이 암송하도록 했으면 좋겠다고 하며 자기 학교 면접시험은 미리 시를 알려 주고, 그 암송 정도로 우열을 가리는 방법을 택하겠다고 말해 좌중의 모든 사람들이 멋있는 발상이라고 맞장구를 친 일이 있다.

기회가 오면 '우리 가곡 부르기회'를 만들어 모두가 함께 가곡을 배우고, 함께 가곡을 노래하는 열린 마당을 만들어 보고 싶다. 서민들이 사는 동네에서 가까운 문화센터, 주민자치센터에도 가곡을 가르치고 부르는 그런 만남의 장이 있었으면 좋겠다.

노래의 날개 위에 각박한 생의 여진을 실어 보낼 수 있는 그런 여유로운 공간을 많이 만들고 싶다. (2000. 12)

인생은 페르시아의 융단 같은 것
— 젊은 지성인들에게

노자는 『도덕경』에서 부드럽고 약한 것이 굳고 강한 것을 이긴다고 했다. 사람은 살아 있을 때는 부드럽고 연하지만 죽으면 굳고 강해지고, 초목도 살아 있을 때는 부드럽지만 죽으면 메말라 딱딱해진다고 했다. 굳고 강한 것이 죽음의 속성이라면 부드럽고 약한 것은 삶의 속성이라는 것이다.

사실 굳어 버린다는 것, 곧 경직된다는 것보다 더 우리의 발전을 가로막는 장애물은 없을 것이다. 노자가 말한 것처럼 경직된다는 것은 죽음으로 향하는 것을 의미하기 때문이다.

우리는 성장과 함께 경직되면서 탄력성과 적응력을 잃어 간다. 상당수의 청년들은 30세가 되기 전에 이미 고정되고 변화가 없는 정치관이나 경제관 속에 정착하고 만다. 40세가 넘어서면 그들 생활의 중심적인 부문에서조차 새로운 기술이나 지식을 획득하는 것을 경시하는 경향이 있다. 중년기만 지나면 미라(mira)처럼 메말라 버리는 사람이 많다.

경직되지 않고 탄력성과 적응력을 지닌 채 자아 혁신을 계속할 수는 없을까. 변화의 소리에 귀를 막고 자신의 잠재력을 사장한 채 굳어 버리는 것은 무엇 때문일까.

우리는 우선 그 원인을 자신과 환경에 대한 무지에서 찾아야 할 것이다.

우리들 대부분은 자신의 전체 능력 중에 극히 일부만을 깨달은 채 살아가고 있다. 자기 자신의 잠재력에 대한 남김 없는 탐구는 어렵다 하더라도 끊임없는 자기와의 대화를 통해 자신의 잠재력을 찾고 개발해 나가야 한다. 그런데도 자신을 직시하는 것에 대한 두려움과 스스로가 만든 일상의 분주함 때문에 자신과의 대화를 포기한 채 그가 이미 설정한 목적에만 몰입함으로써 사실상 자아로부터 도피하려 든다.

변화하는 환경에 대한 무지는 완고한 자기 만족에서 오는 경우가 많다.

자신이 걷고 있는 길이 옳고 합리적이라는 자기 만족에 빠지게 되면 자신이 놓인 객관적인 위치마저 가늠하지 못하게 되어 새로운 상황에 대한 적응력을 잃고 오히려 변화에 저항하게 된다. 그리고 자기 만족에 빠지면 타인과의 진정한 교류, 사랑도 어렵게 되어 다른 사람의 눈을 통해 인생을 보고 다른 사람의 마음을 통해 인생을 느낄 수도 없게 된다. 사랑과 우정을 통해 고립된 자아의 경직성을 풀고 새로운 전망을 가질 기회를 놓치는 것이다.

우리를 경직시키고 자아 혁신을 막는 또 하나의 장애물은 고집이다. 그리고 실패를 자인하는 용기의 부족이 우리를 고집의 늪으로 몰아넣는 경우가 많다.

공자는 『논어』에서 젊어서는 기가 일정하지 않으니 색을 조심하고 중년이 되어서는 기가 강하니 싸움을 조심하며 늙어서는 기가 약하니 받는 것을 조심하라고 했다. 중년에 들어서면 왕성한 힘을 바탕으로 끝장을 보겠다는 식의 외곬수의 싸움을 거는 수가 많다. 그리고 나이가 들수록 자신의 주장 이외에는 쉽게 받아들이려 하지 않고, 자신의 길이 틀리거나 잘못 설정될 수 있음도 인정하려 들지 않는다. 노자도 잔은 차서는 안 되며 언제나 비어 있어야 한다고 말했지만 이미 차 버린 잔, 굳어 버린 고집의 껍질 속에는 다른 사람의 주장을 받아들일 공간도, 유연성도, 용기도 없는 것이다. 자신의 패배를 솔직히 시인하는 용기만이 새로운 변화에 눈뜰 수 있다. 괴테가 인간은 노력하는 한 방황한다고 했듯이 모험과 실패 속에서의 방황은 자아 혁신의 지름길이다.

대학 졸업 후 줄곧 30여 년 간을 노동운동에 종사해 온 후배가 있다. 노동운동에 투신했던 선후배들 거의 모두가 진로를 바꾸었는데도 이 후배만은 끈질기게 외길을 걷고 있다. 3년 전 어느 날 그가 찾아와 둘이서 광화문 근처 어느 식당에서 술잔을 기울이며 격의 없는 대화를 나누었다. 언제나 겸손하면서도 당당했던 후배의 어깨가 그 날 따라 무거워 보였다. 대학 이래 같은 길을 걸어온, 나도 잘 아는 단짝 친구가 국영기업체에 들어가려 한다면서 어떻게 하면 좋겠느냐고 조언을 구했다. 그의 어투에서 풍기는 실망감과 낭패감 속에 삶에 대한 일말의 회한이 묻어 있는 것 같았다. 그는 자조적인 목소리로 자신에 대한 장인의 변화를 얘기하기도 했다. 후배가 걷고 있는 길을 늘 못마땅하게 생각해 오던 그의 장인이 최근 들어서는 오히려 힘을 내라며 격려한다는 것이다. 사위가 걷는 길을 못마땅해 하면서도 일면 사위가 걷고 있는 길에 자긍심을 보여 왔던 장인이 힘이 빠진 듯한 사위의 어깨를 바라보며 측은해 하고 안타까워했던 것 같다. 최근 소련 등 동구권의 몰락과 함께 국내 변혁운동이 퇴조하는 상황 속에서의 후배 역시 자신의 진로에 대한 고민이 많았을 것이다. 장인조차 이러는데 본인 스스로가 자신의 지난 날을 뛰어넘어 새로운 변신을 꾀한다는 것은 정말 어려운 일일 것이다. 그에게 있어서 진로를 바꾼다는 것은 그가 살아온 생의 돌이킬 수 없는 패배로 여겨질지도 모르기 때문이다.

서머셋 몸은 '인생은 페르시아의 융단 같은 것'이라고 말했다. 융단을 짜는 사람의 기호에 따라 융단의 무늬가 달라지듯이 우리 인생도 결국 그것을 그려 가는 사람의 의도에 따라 다양하게 채색될 뿐 절대적인 기준은 없을지도 모른다. 그리고 훗날 인생이란 저울에 달았을 때 누구의 무게가 더 나갈지도 모를 일이다. 역사에는 운명적인 아웃사이더가 있다. 그가 추구하는 가치가 아직 역사의 장에서 개화하기에는 이른 시기에 생을 살아간 자들이 바로 그들이다. 후배로 하여금 수미일관 외길을 걸을 수 있게 해준 그 강고한 힘은 어디에서 비롯된 것일까. 이상을 실현하기 위해 자기 희생도 마다않는 후배의 도덕적인 순결성을 조금이라도 폄하할 생각은 없다.

지금 우리에게는 우리 시대가 안고 있는 딜레마나 부정적인 요소들을 직시하고 우리 스스로의 행동을 통해 그 낡은 가치를 개조해 나갈 용기와 노력이 요구되고 있다. 그러나 그 이상을 달성하기 위한 수단은 상황의 변화에 따라 계속 되새김되어야 하지 않을까. 변화의 물결 속에 뒤처질지도 모르는 후배의 모습을 그려 보며 그 어떤 안타까움을 갖지 않을 수 없었다. (1998. 7)

술과 멋

생텍쥐페리의 『어린 왕자』에 나오는 술꾼에 관한 이야기이다. 어린 왕자가 술병 한 무더기를 앞에 놓고 앉아 있는 술꾼에게 물었다.

"왜 술을 마셔요?"

"잊어버리려고." 술꾼이 대답했다.

"무얼 잊어버리려고요?" 술꾼이 측은해져서 어린 왕자가 다시 물었다.

"부끄럽다는 걸 잊어버리려고." 고개를 숙이며 술꾼이 털어놓았다.

"무엇이 부끄러운데요?" 그를 도와주려고 어린 왕자가 물었다.

"술을 마시는 게 부끄럽지!" 그 말을 마치고 술꾼은 입을 꼭 다물어 버렸다.

얼른 들으면 순환논법식의 대답으로 무의미한 우스갯소리 같지만 그 속에는 깊은 진실이 담겨 있다. 술은 어떤 이유가 있어 마시는 것이 아니라 습관에 따라 마신다는 것이다.

사실 기뻐서 한잔, 슬퍼서 한잔 하면서 이유를 붙여 술을 마시지만 결국 따져 보면 우리 스스로가 이유를 만들어 술을 마시는지도 모르겠다.

요즘 망년회다, 송년회다 하여 술자리를 갖는 기회가 많다. 자리를 함께 하다 보면 취흥이 무르익어 폭음도 마다하지 않게 된다.

그런데 젊었을 때와 달리 이제 과음을 하면 다음날 곧 일에 지장이 오는 것 같다.

나도 본시 술 한잔하자고 권하면 사양하지 않는 이른바 두주불사(斗酒不辭)형에 속한다. 그리고 술을 권하면 정직하게 다 받아 마시는 편이어서 더 술을 많이 마시게 되는 것 같다. 선친께서는 술을 별로 좋아하시지 않았는지 술 마시는 원칙까지 정해 주면서 술을 조심하라고 당부했었다.

'자주(自酒)는 금주(禁酒)하고 타주(他酒)는 절주(節酒)하라'는 원칙이 그것이다. 자기 스스로 건수를 만들어 술을 마시는 것은 금하고 어쩔 수 없이 남이 만들어 주는 술자리에 가더라도 술을 절제해 마시라는 이 말씀이 가훈 아닌 가훈으로 내려오고 있다.

술 마시는 방법에는 왕도가 없다. 굳이 따진다면 술맛은 마시는 사람의 기분, 상대방, 술 마시는 곳의 분위기에 따라 달라진다고 하겠다. 이 세 가지가 맞아 떨어질 때 멋있고 흥 있는 술판이 벌어지게 된다.

그런데 본시 멋의 본질은 여유에 있다고 하겠다. 술을 마시면서도 격식을 지키고 그 격식을 지키면서도 파격의 세계를 넘나드는 절제된 여유와 넉넉함이 술자리를 진정으로 멋있게 만드는 것이 아닐까.

　폭탄주를 돌려 물리적으로 술을 많이 마시게 하여 취흥을 돋우는 것은 하수들의 방법이다. 조용한 대화 속에 한 해를 돌이켜보며 인생의 참뜻을 새겨 보는 자리, 친구의 청아한 목소리를 통해 귀에 익은 가곡이라도 한 곡 들으며 술잔을 기울이는 기분, 이런 술자리가 진정 멋있고 운치 있는 술자리가 아닐까. 주석(酒席)이 길면 생명은 짧다는 속담이 있듯이 2차, 3차로 곤드레만드레되어 귀가하는 것보다 적당히 취해 기분 좋은 상태에서 모처럼 아내와 다정한 대화라도 나누는 것이 어떨지.　　　　　　　　　　(1996. 12)

서편제와 카스트라토

위대한 소리꾼이나 성악가를 만들어내겠다는 예술적 집념은 동서양을 막론하고 대단히 치열했던 것 같다.

영화 〈서편제〉의 주인공 송화는 딸을 빼어난 소리꾼으로 만들겠다는 아버지의 간절한 소망 때문에 소경이 된다. 그녀의 아버지는, 송화가 소경이 됨으로써 생에 대한 한을 품게 되면 그 한이 예술적으로 승화하여 득음의 경지에 이를 것이라고 기대했다.

서양에서도 이와 비슷한 방법이 행해졌다. 17, 18세기 이탈리아를 중심으로 유행했던 '카스트라토'가 그것이다. 카스트라토는 변성기가 오기 전에 소년의 남성을 제거하여 변성기를 거치지 않게 함으로써 소년의 아름답고 높은 음성을 그대로 간직하게 한 것이다.

남성을 제거당한 소년은 성인이 된 후에도 소프라노나 알토의 성역을 그대로 지니게 되어 성인 여성보다 더 힘차고 순수한 음질과 넓은 음역을 갖게 된다고 한다.

이처럼 자신의 몸을 불살라 예술적 이상에 도달하려 했던 인간의 집념은 동서양 어느 곳에서나 똑같이 존재해 왔다. 그런데 이들 방법을 살펴보면 양자 사이에는 넘을 수 없는 본질적인 차이가 있는 것 같다.

 서양의 카스트라토는 인간의 몸을 하나의 악기로 생각하고 그 몸을 물리적으로 조절하거나 바꾸어 원하는 소리를 내고자 하여 생긴 것이다. 인간의 육체적인 메커니즘을 기능적으로 개조하여 더 좋은 소리를 내게 하겠다는 지극히 물질주의적인 접근 방법이다.

 반면 송화의 아버지가 보여준 동양식 방법은 인간의 물질적인 면보다 정신적인 면을 더 중요시하고 있다. 악기로서의 물질적인 몸 자체보다는 그 악기를 연주하는 주체로서의 인간 정신에 더 큰 비중을 두고 있는 것이다.

 송화의 아버지는 송화가 소경이 된다고 해서 그 육체적인 조건 자체 때문에 딸의 소리에 어떤 변화가 올 것으로 기대하지는 않는다. 다만 앞 못 보는 소경의 체념적 슬픔이 한으로 응어리져 그 한이 딸의 정신적 세계를 고무시켜 더 큰 예술적 비상을 펼쳐 보이기를 기대하고 있는 것이다.

 같은 곡을 같은 악기로 연주하더라도 그 연주자가 누구냐에 따라 곡의 분위기와 맛이 달라지듯이 소리도 그 소리를 내는 소리꾼의 삶의 여로, 정신의 깊이에 따라 다채로운 음색을 갖게 된다.

 물질적인 조건을 더 중시하는 카스트라토적 방법과 정신적인 가치를 더 우위에 두는 서편제적 방법 중 어느 쪽이 더 우월한가를 따지자는 것은 아니다. 다만 서편제적 방법이 기초하고 있는 정신 존중의 동양적 토양도 소중히 여기고 간직해야 한다는 점을 강조하고 싶을 뿐이다.

　지금 우리 사회가 '세계화'라는 미명하에 정신없이 서구의 물질문명을 좇아가고 있는 듯하다. 서구의 물질문명이 우리를 도처에서 압도하고 있다. 그 결과 우리의 삶의 터전에서 물질문명과 정신문화의 균형이 깨지고 있다는 우려의 목소리가 높다. 물질적인 것과 정신적인 것 사이의 균형이 깨질 때 남는 것은 천박한 물질만능주의의 지배뿐이다. 인간에게서 정신적인 면이 메말라 간다면 그것은 종국적으로 우리를 인격의 파괴와 삶의 파탄으로 이끌 것이다.

　소련을 포함한 동구권이 몰락하기 전에는 자본주의적 개인주의를 사회주의적 집단주의가 견제해 왔다. 따라서 자본주의는 사회주의 내지 공산주의의 비판을 통해 그 결함을 보완하고 지속적인 가치를 발휘할 수 있었다. 그러나 이제 사회주의 내지 공산주의의 견제와 비판이 사라져 자본주의는 무경쟁의 독주를 계속해 극단적인 개인주의, 물신주의의 늪 속으로 빠져들 위험성이 높아졌다. '양', '스피드', '결과' 등 물질 위주의 효율성이 지배하는 삶의 배면에 나타날 황량함이 인간을 더 큰 소외로 빠져들게 할 것이다.

　자본주의적 물질주의에서 빠져 나와 정신과 물질이 균형을 이루는 올바른 문화 풍토를 찾기 위해서라면 우리는 동양적 정신주의에서도 새로운 힘의 원천을 얻어내야 한다.

　세계화의 목표가 급변하는 세계 속에서 다른 나라와 나란히 어깨를 걸고 문화민족으로 번영을 구가하는 데 있다면, 우리는 먼저 우리 문화의 우월성을 찾고 개발하여 이를 바탕으로 세계 무대에서 다른 나라와 맞서야 한다.

　서편제적 탁월함은 우리의 전통과 문화 속에 생활의 예지로 농축되어 주변 곳곳에 놓여 있을 것이다. 우리는 먼저 그 예지를 찾아 갈고 다듬어야 한다. 우리가 우리 것의 탁월함을 찾아내지 못하고 서구 물질문명의 족적을 좇아가는 데만 급급하다면 남는 것은 계속적인 모방과 후발주자로서의 열등감뿐일 것이다. (1995. 2)

충무경찰서 유치장의 초대가수 시절

국민운동본부를 대표하여 거제 대우조선 노동자 이석규 씨 사망사건에 대해 조문 및 진상조사를 하러 갔다가 충무경찰서에 구속되어 지낼 때의 일이다.

처음 구속되었을 때는 독방에서 지냈으나 나중에는 유치장이 좁고 수감자가 많아 다른 미결수들과 함께 혼방을 쓰게 되었다.

당시는 6·29선언 직후로 향후 정권의 향방도 미지수였고, 국민운동본부 민권위원장이자 알려진 인권변호사로서 노동자를 위해 힘쓰다가 억울하게 구속되었다는 동정론 때문인지 경찰도 조심스럽게 예우를 해주는 편이었다. 그래서인지 유치장의 다른 수감자들도 나를 무척 어렵게 대하였다. 당시 나는 정부의 부당한 구속조치에 대해 분노를 달래며 매일을 묵상과 독서로 소일하고 있었다.

그런데 충무경찰서 유치장은 근처에 구치소가 없어 구치소를 대신하는 이른바 '대용감방'으로 사용되고 있었기 때문에 상당히 오랜 기간 구금 생활을 하는 수감자가 많았다. 그래서 가끔 교도관들이 수감자들의 기분 전환을 이유로 유치장의 방별 노래자랑을 개최했고, 1등 한 방에는 유치장의 최고 특식 중의 특식인 담배를 한 개비씩 나누어 주었다. 수감자들은 담배를 타 피우기 위해서 결사적으로 대회(?)에 임했으나 우리 방은 계속 등외로 밀리곤 했다. 보다못해 어느 날 내가 선수로 나가 보겠다고 제안하자 같은 방 수감자들은 처음에는 농담으로 던지는 말로 받아들이다가, 나중에는 내가 진심으로 하는 말로 알아듣고는 놀라며 반가워했다.

사실 그날은 좀 마음도 울적해 나는 김민기의 〈아침이슬〉을 한껏 감정을 넣어 열창했다. 내가 생각해도 그날 노래가 잘되는 날이었고, 결국 일등상을 받아 그날의 스타로 부상했다.

담배를 상으로 타게 된 방 안의 동료 수감자들의 기쁨은 말할 것도 없고, 모든 유치장의 수감자들이 즐거워했으며, 교도관들도 흥이 나는 모양이었다. 언제나 말이 없이 목에 힘을 주는 듯 가부좌를 한 상태에서 책을 보거나 눈을 감고 사색에만 잠겨 있어 부담스럽게 느껴졌던 내가 성큼 자기들의 세계로 들어와 함께 어울리는 것이 신기하고도 흐뭇했던 모양이다. 그 다음부터 나는 유치장 노래자랑 대회가 열리게 되면 언제나 초대가수 자격의 노래 신청이 들어왔고 그때마다 나는 이 제의를 마다하지 않고 멋지게 노래를 불러 앵콜송까지 받곤 했다. 드디어 초대가수 이상수 변호사로 발돋움한 것이다.

노래를 부르며 같이 어울리니 시간도 잘 가고, 꽉 막힌 가슴도 좀 풀리는 기분이었으며, 동료 수감자의 즐거워하는 모습 속에서 적지않은 위로도 받는 느낌이 들었다. 그날 이후 동료 수감자들은 나를 좋아했고 더 다정한 친근감을 표했다. 동료 수감자들은 그들이 살아온 치열한 삶의 역정을 솔직하게 털어놓아 인생에 대해서도 많은 것을 배우는 기회가 되었다. 서로가 진정한 동료의식을 느끼며 상처받은 삶의 여진을 털어놓고 서로 위로하며 재기를 북돋아 주는 훈훈한 인간애를 느끼는 순간들이었다.

노래자랑 참가는 함께 같은 입장이 되어 더불어 사는 것이 얼마나 소중한 일인가를 절실히 깨닫게 해준 계기가 되었다.

나는 출감 후 생의 좌우명으로 '화이불류(和而不流)'란 말을 쓰기로 했다. 화목하게 지내나 함께 흐르지는 말라는 뜻이다. 주변 사람들과 함께 화목하게 지내면서도 자기의 중심은 잃지 말라는 말은 실행하기가 쉽지 않다. 그러나 나는 지금도 그 충무경찰서 유치장 초대가수 시절을 돌이켜보면서 목에 힘을 주지 않는 겸손을 보이고, 그 겸손과 다정함 속에서도 자신을 지키려고 애쓰고 있다.

(1992. 4)

주는 것과 받는 것

타고르의 시 「기탄잘리」에 나오는 이야기이다. 한 거지가 시골길로 구걸을 나섰는데 때마침 그곳을 왕이 지나가게 된다. 거지는 그가 청하지 않아도 왕이 그에게 많은 선물을 주리라고 기대한다. 드디어 왕의 수레 소리가 멈추고 왕이 그의 곁으로 다가온다. 드디어 생명의 행운이 왔다고 느꼈을 때 왕은 오른손을 내밀며 "그대는 나에게 무엇을 주겠느뇨"라고 묻는다. 거지는 어리둥절하여 어찌할 바를 모르다가 자루에서 제일 작은 낟알 한 개를 꺼내어 왕에게 준다.

왕은 가 버리고 날은 저물어 마룻바닥에 자루를 쏟았을 때 구걸해 온 초라한 무더기 속에서 황금으로 된 한 작은 낟알을 발견하게 된다. 순간 거지는 놀라며 애타게 운다. "나의 모든 것을 왕께 바칠 마음이 있었더라면" 하고 후회하면서.

타고르는 이 시에서 우리에게 몇 가지 깊은 인생의 진리를 깨닫게 해주고 있다. 우선 이 시는 '주는 것만큼 받을 수밖에 없다'는 것을 가르쳐 주고 있다. 거지는 왕에게 가장 작은 낟알 하나만 주었기 때문에 그 대가로 황금의 낟알 한 개만을 되돌려 받았는데 만일 자루에 있는 낟알 전부를 주었다면 그 전부를 황금으로 돌려 받게 되지 않았을까?

'주는 것만큼 받는다'는 것은 '받기 위해서는 먼저 주어야 한다'는 것을 의미한다. 우리는 흔히 먼저 받기를 원한다. 누가 먼저 베풀면 그때서야 우리도 그에게 베푸는 경우가 많다. 베풀고 베풂을 받는 훈훈한 인간관계가 피동적으로 주어지는 경우가 많을 뿐, 능동적으로 창조되는 경우는 흔치 않다.

지하도와 육교 중 마주쳤을 때 어느 쪽이 더 부담이 없느냐고 물으면 대부분 지하도라고 대답한다. 똑같이 한 번 올라가고 한 번 내려오는 거리지만 먼저 내려가는 것이 좋기 때문이다. 조삼모사(朝三暮四)도 이런 인간의 마음을 꿰뚫고 있는 것일 게다. 모두 먼저 받기만을 원하는 일상의 관계에서 먼저 주는 파격적 자세는 더 큰 것을 되돌려받을 수 있다.

다음으로 타고르의 시는 '주려고 하면 어떤 사람에게도 줄 것이 있다'는 것도 말해 주고 있다. 거지도 주려고만 하면 왕에게도 줄 것이 있으며, 왕도 경우에 따라서는 거지에게서 무엇인가를 얻고 기뻐할 수도 있다는 것이다.

우리는 흔히 남에게 무엇인가를 베풀기에는 자신이 너무나 가진 것이 적고 부족하다고 생각하는 경우가 많다. 준다는 것에는 물질적으로 주는 것만이 있는 것이 아니며, 마음으로부터 주는 것도 있는 것이다. 가진 자만이 줄 수 있는 것이 아니며, 가난한 자도, 죄인도 주려고 하면 줄 수가 있는 것이다.

요즘 사람들은 '효도를 하기 위해서도 돈이 있어야 한다'고 얘기한다. 그러나 어느 어머니가 매일 진수성찬을 대접한 큰아들을 마다하고, 저녁때면 자신의 가려운 등을 긁어 주는 가난한 작은아들 집에 계속 묵기를 원했다는 옛 이야기가 있는 것처럼, 꼭 돈이 많거나 세속적으로 성공해야만 효도할 수 있는 것은 아니다.

악한 범죄를 저지르고 옥중에 갇혀 있는 아들이 면회 온 어머니께 새 생활을 약속했다면, 그는 가장 큰 선물을 어머니께 드린 셈이며, 그 어머니는 그 약속 하나만으로도 큰 기쁨을 느꼈을 것이다. 부귀를 얻어 가진 자가 되었을 때 베풀겠다고 했다가, 영원히 그 베풂의 기회마저 잃어버린 경우가 얼마나 많은가.

마지막으로 「기탄잘리」는 '남에게 먼저 준다는 것은 쉬운 일이 아니며, 그것은 부단한 노력과 준비를 통해서만 가능하다'는 것을 가르쳐 주고 있다. 거지는 평상시 받아만 왔지 주어 본 적이 없기 때문에, 갑자기 주기를 요구했을 때 당황하게 되었고, 당황함 때문에 그가 가진 것도 전부 주지 못해 가장 작은 낟알 하나만을 주고 만다.

사실 먼저 준다는 것은 쉬운 일이 아니다. 주면 준 것만큼 되돌아온다는 공리적인 계산을 할 수 있는 사람에게조차도 먼저 준다는 것은 쉬운 일이 아니다. 그것은 계속적인 자기 수양과 노력을 통해서만 이룩될 수 있는 자세이다. 가선(假善)이 오래되면 진선(眞善)이 된다는 말이 있듯이 처음에는 먼저 주는 행위도 고통 속에서 의식적으로 노력해야만 가능하겠지만 나중에는 저절로 먼저 주는 것에 익숙해질 수도 있을 것이다. 더 나아가면 주는 것 자체도 의식하지 않고 주는 불교에서 말하는 '무주상보시'의 경지에 도달할 수도 있지 않겠는가. 그것은 인생의 참된 가치는 '소유'에 있는 것이 아니며, '존재'에 있는 것이라고 믿는 사람들만이 가질 수 있는 덕목이기도 하다. (1984. 6)

지리산, 홀로 찾은 진홍빛 계곡

지리산엔 민족의 비원이

나는 전문 산악인은 아니다. 그러나 산을 좋아하는 편이어서 요즘은 기회만 오면 마다하지 않고 산을 찾는다. 내가 등산에 심취하게 된 것은 판사로 임관되어 광주에서 생활하던 때부터였다. 그때 나는 주변 사람들과 조그마한 등산 모임을 만들어 매월 한 번씩 산행을 했다.

월출산·금산·내장산·백운산 등 남도의 여러 산을 두루 찾아다녔지만 가장 잊지 못할 추억으로 남아 있는 것은 지리산 산행이다. 지리산을 찾은 것은 네 번이었는데, 그 중 화엄사에서 노고단에 올라 1박을 하고 다음날 임걸령을 거쳐 피아골 계곡을 따라 연곡사 쪽으로 내려왔던 때의 산행이 가장 인상적이었다.

출발 전날 일렁이는 흥분으로 잠을 설치기도 했는데, 그것은 최초의 지리산 산행이었기 때문이기도 했지만, 소년 시절부터 막연하게나마 동경해 온 지리산의 모성(母性)에 대한 그 어떤 그리움과 외경 때문이기도 했다. 나에게 있어서 지리산은 그 광대한 품속 어딘가에 민족의 비원과 애환을 간직하고 있을 것 같은 그런 산이었다.

 광주에서 버스를 타고 구례 화엄사에 도착한 것은 오후 2시경이었다. 중학교 수학여행 때 나를 압도했던 그런 웅대한 분위기는 다시 느낄 수 없었으나, 영봉 지리산을 등에 업고 주변의 수려한 산세와 조화를 이루고 있는 고찰의 모습 속에서 빼어난 예술적 균형미의 정수를 엿볼 수 있었다.

 특히 나의 눈길을 끌었던 것은 각황전 왼쪽 백팔계단 위에 자리잡은 4사자 3층 석탑이었다. 화엄사의 창건자 연기조사가 어머님의 명복을 빌기 위해 세웠다는 이 탑은 그 작풍(作風)의 뛰어남과 균제된 조형감 등으로 다보탑과 쌍벽을 이루며 통일신라시대 예술의 정화로 일컬어지기에 조금도 손색이 없었다.

 그러나 나를 새로운 법열로 이끌었던 것은 이 탑의 뛰어난 예술성이 아니라, 이 탑에 담긴 연기조사의 효심이었다. 연기조사와 같이 득도한 고승도 저처럼 세속의 인연을 끊지 못하고 어머니를 그리워했을까 하고 생각하니, 숙명적인 인간의 한계 같은 것이 느껴지는 듯했다. 삭풍이 화엄계곡을 휘몰아쳐 와 조사가 기거하던 방의 문풍지를 뒤흔들었을 때 조사에게도 어머니나 세속의 온갖 인연을 회상하며 잠 못 이룬 밤이 있었을까? 범부의 엉뚱한 비약인지는 모르겠으나, 그 어떤 인간의 근원적인 애달픔이 탑신의 여기저기에 묻혀 있는 듯했다.

 화엄사를 뒤로 하고 10여 킬로미터의 고갯길을 올라 노고단에 이르니, 이미 노고단은 어둠에 덮여 정적 속에 묻혀 있었다.

처음 3분의 2 정도의 길은 비교적 완만한 경사를 이루고 있었으나 나머지 3분의 1은 급경사를 이루는 고갯길이었다. 그래서인지 노고단 가까이에는 걸을 때 코가 땅에 닿는다는 '코재' 라는 고개도 있었다. 그 고개를 오르니 '눈썹바위' 라고 불리는 전망대가 있었는데, 그곳에서 바라보니 지리산 주능선의 제일 끝 서쪽 봉우리인 차일봉이 보이기도 했다.

옛날 노고단의 별장을 찾던 외국 선교사들은 이 길을 걸어 오르지 않고 인근 주민들에게 품삯을 주어 그들의 지게에 얹혀서 올라가기도 했고, 더 호사스럽게는 가마를 타고 올라가기도 했다. 과거의 슬픈 역사의 편린을 여기에서도 다시 찾은 듯하여 한동안 착잡한 마음을 달랠 길 없었다.

일행 중 누군가가 곧 이곳에 케이블카가 설치되고 노고단에는 관광 호텔이 들어설 것이라고 했다. 케이블카로 쉽게 올라 천연의 피서지인 노고단에서 휴가를 즐길 수 있게 되는 것도 좋겠지만, 케이블카 설치로 지리산의 태고연한 자연미에 어떤 손상이 가지 않을까 걱정되었다. 고찰 화엄사 위로 케이블카가 지나다니게 한다는 발상법부터가 어딘가 잘못된 것 같다.

신비한 노고단의 운해(雲海)

날이 어두워 노고단의 주변 경관을 살펴보는 것은 다음날로 미루고 노고단 산장에서 하룻밤을 묵었다. '산이 무던해서 산에 산다'는 털보 산장 관리인 함웅을 만나 한잔 술을 권하며 숨은 인생의 편력이라도 들어볼까 했으나, 그는 인근 아랫마을로 나들이를 가 만날 수 없었다. 주인 없는 산장을 스치고 지나가는 가을 바람 소리만이 노고단의 깊은 밤의 정적을 더욱 처연하게 만들 뿐이었다.
 다음날 아침 나는 지리산의 8경 중 제일이라는 노고단의 운해(雲海)를 보려고 어둠이 채 걷히기도 전에 일어나 산장 밖으로 나갔다.
 지리산 8경으로 노고단 운해, 반야봉 낙조, 세석 철쭉, 벽소령 명월, 쌍계사 불일폭포, 연하봉 선경, 천왕봉 일출, 피아골 단풍을 든다. 그러나 뭐니뭐니 해도 태고의 신비처럼 피어오르는 운해 속에서 변해 가는 지리산 연봉을 바라보는 것이 지리산 산행의 최고의 매력일 것이다.
 자욱하게 서렸다가는 어느덧 개고 개었는가 하면 다시 모여드는 운해는 계절 따라 시간 따라 다른 모습의 지리산을 연출한다고 한다. 서서히 걷히는 어둠의 장막과 함께 나의 눈앞에 나타난 운무의 대해, 그것은 장엄하기보다 신비스러울 정도였다.
 그 운무의 대해 위에 섬처럼 솟아 있는 봉우리들. ㄱ형이 '한국의 킬리만자로'라고 상찬했던 무등산이 저 멀리 보였고, 섬진강을 사이에 두고 장중한 자태를 은근히 뽐내는 백운산도 보였다. 소리없이 밀려오는 운무의 파도 속에 나의 몸뚱이를 맡기니 잠시나마 하계를 떠나 선계에 오른 듯한 환상에 젖어들었다.
 아침 식사 전 나는 노고단 주변을 둘러보았다. 노고단은 산 정상임에도 불구하고 광활한 초원과 큰 계곡이 자리잡고 있었다. 해방 전에는 선교사들이 별장을 짓고 여름철을 보내던 휴양지였다고 하나, 그때 별장 건물들은 6·25을 전후한 좌·우의 이데올로기 전쟁으로 전부 파괴되고, 굴뚝·벽난로 흔적 들만이 무상한 세월의 징표로 여기저기 흩어져 있을 뿐이었다.

노고단을 떠나 울창한 숲속길 약 4킬로미터를 계속 걸으니 임걸령에 닿았다. 산행의 절정이라고 할 장대한 피아골 계곡의 들머리에 접어든 것이다. 피아골은 반야봉에서 연곡사에 이르는 장장 20킬로미터의 계곡으로서 반야봉 중턱에서 발원한 맑고 푸짐한 물이 임걸령의 밀림지대를 누빈 후 피아골 삼거리, 연곡사를 지나 섬진강으로 빠진다.

계곡 가득한 떡갈나무, 단풍나무, 올벚꽃나무 등 활엽수가 원시림을 이루고 있었으나, 초가을이어선지 고산지대만 단풍이 물들었을 뿐 계곡을 따라 내려올수록 단풍은 찾아보기가 힘들었다. 피아골 단풍이 절정에 이를 때면 산은 온통 붉게 타고, 사람도 붉게 물든다. 그 장관이 물에 비치어 물 또한 붉게 물든다는 삼홍소에 이르렀을 때에는 철이른 산행이 후회스럽기까지 했다.

1년 후 피아골에 단풍이 만개할 때 나는 다시 이곳을 찾아 절경인 피아골의 단풍을 완상할 기회를 가졌다. 그때 피아골 계곡은 단풍으로 온통 불바다를 이루고 있었다. 그것은 나의 가슴마저 활활 불태워 버릴 것 같은 정열의 활화산이었다.

피아골의 단풍은 내장산의 단풍에서 느꼈던 여성적인 우미함 대신 남성적인 장엄미를 느끼게 했다. 내장의 단풍에는 낙조의 애잔함이 서려 있다면 피아골의 단풍에는 일출의 장엄함이 솟구치는 듯했다. 피아골이란 옛날 이곳이 피를 많이 가꾸었다고 하여 '피아골'에서 유래한 이름이라고 한다.

한(恨)의 발원지, 피아골

여수에서 태어난 나는 지리산, 특히 피아골이 여순(麗順) 반란사건 등과 관련하여 숱한 전설을 잉태했던 발원지란 얘기를 들으면서 자라 왔다. 그래서인지 나는 '피아골' 하면 민족의 한(恨)을 연상하게 된다. 여순반란과 6·25 때뿐만 아니라 구한말 격동기에도 이 계곡에서 수많은 사람이 죽어 갔다고 하나, 그 전란의 자취는 이젠 흔적조차 찾아볼 길이 없다. 그들의 피맺힌 비원이 역사의 어디에 메아리 되어 남아 있는지, 민족사의 비극적 현장에 섰던 나는 일순간 숙연해지는 마음을 가눌 길 없었다.

피아골을 벗어나 연곡사에 이른 것은 정오가 지나서였다. 나는 소설 속에서 자주 연곡사라는 이름을 들어왔기 때문에 특별한 관심을 가지고 이 절을 찾았다.

해맑은 비구니가 잔잔한 미소로 우리를 맞을 것 같은 그런 기대를 갖고 절을 찾았으나, 거찰은 전란으로 불타 없어지고 길가에 새로 지은 대웅전만 쓸쓸하게 서 있을 뿐이었다. 거찰의 옛 모습은 동부도, 북부도 등 탑파에나 그 음영을 조금 드리우고 있는 듯하며, 세월의 무상함만 다시 느끼게 했다.

시골 버스에 몸을 싣고 은빛 섬진강의 줄기를 따라 귀로에 오르며 나는 기회만 주어지면 꼭 지리산 종주를 해보겠다고 다짐했었다. 그러나 지리산 종주 계획을 아직도 실현하지 못하고 있다. 단지 연곡사 쪽에서 다시 피아골 계곡을 찾아 절정인 피아골 단풍을 구경한 적이 있고, 중산리에서 법계사를 지나 천왕봉에 오른 후 장터목으로 하산하여 다시 중산리로 돌아온 일이 있으며, 쌍계사를 지나 불일폭포를 거쳐 세석평전에 오른 일이 있을 뿐이다.

중산리에서 1박을 한 후 천왕봉 일출을 보겠다고 새벽같이 일어나 산을 오르던 기억, 법계사에서 저 멀리 빼어난 자태로 솟아 있는 남해의 금산을 찾아내고 환호했던 일, 불일폭포에서 웃옷을 훌랑 벗은 채 차가운 폭포수를 온몸에 맞으며 어린애처럼 즐거워했던 추억, 또 철쭉이 만개한 세석평전 넓은 고원에 서서 엉뚱하게 북녘의 개마고원을 연상해 보던 일들, 그 모두가 나에게 소중하고 아름다운 추억들이다.

아직 지리산 종주도 해보지 못한 주제에 지리산을 평하려 드는 것부터가 외람된 일인지도 모른다.

사실 지리산은 산맥이라고 불러야 할 만큼 장대한 위용을 자랑하고 있다. 그 장대하고 웅원함이 모든 것을 압도하고 용해해 버리기 때문에 설사 종주를 한다손 치더라도 그 실체를 모두 파악한다는 것은 불가능한 일일 것이다. 서산대사가 금강산은 빼어나되 장하지 못하고〔金剛秀而不壯〕, 지리산은 장하나 빼어나지 못하다〔智異壯而不秀〕고 평했다고 전해진다지만, 어쨌든 지리산의 그 장대함만은 내가 지리산을 처음 찾았을 때부터 대번에 느껴져 왔다.

지리산 산행을 회상할 때마다 그립게 떠오르는 것은 함께 산행에 나섰던 일행들의 모습들이다. 좋은 산행이 되려면 오르는 산도 좋아야 하고, 산에 따라 오르는 계절도 알맞아야 하지만, 그 못지않게 동반자도 마음에 맞아야 한다. 나와 지리산 산행을 함께했던 일행들은 소박했고, 그들 나름대로 열심히 삶을 살아가고 있다.

우리는 당시 이른바 '노인성 등반'을 즐겼다. 등산 시간을 될 수 있는 대로 충분히 갖고 서로의 인생 경험, 세사에 대한 견해 등을 격의 없는 농담과 함께 허물없이 나누며 쉬엄쉬엄 산에 오르는 그런 등산을 즐겼다. 너무 서둘러 정상만을 향해 돌격하는 식의 산행에 비교하면 정말로 유유자적한 산행이었다.

작년 6월 내가 평소 존경해 오던 선배 변호사 한 분이 지리산 종주 등반을 제의하면서 팀을 짜보라고 했을 때, 나는 최소한 3일 이상이 걸릴 것이라는 시간적 중압감 때문에 선뜻 응하지 못하고 다음 기회로 미루고 말았다. 그 선배께서 옥고를 치르시고 나오면 꼭 계획을 세워 지리산 종주길에 나서고 싶다.

그분은 인생에 있어서뿐만 아니라 등산에 있어서도 나의 대선배다. 그 선배로부터 지리산 곳곳에 얽힌 전설을 듣고 유장한 인생사의 예지를 배우며 지리산 연봉을 하나하나 더듬어 나간다는 것은 생각만 해도 가슴 벅차는 즐거운 산행이 아니라 할 수 없겠다.

(1986. 5)

동호동락 (同好同樂)
— 호박회와 한백산악회

취미가 무엇이냐고 물으면 곤혹스러울 때가 많다. '등산'이라 해야 할지 '독서'라 해야 할지 주저되기 때문이다. 마음 맞는 친구와 산에 올라 소주잔이라도 기울일 때는 마음이 한없이 여유롭고 넉넉해진다. 또한 시간 가는 줄 모르고 드러누워 문학작품, 특히 단편소설이라도 읽을 때면 더할 나위 없이 마음이 편하고 즐겁다.

그래서인지 내가 지금도 활동을 계속하고 있는 모임이 둘 있는데 모두 독서와 등산에 관계된 것이다. 하나는 '호박회(虎博會)'라는 독서 서클이고 또 하나는 '한백산악회'라는 등산 모임이다.

호박회는 나의 모교에 있는 서클로서 대학 입학 때부터 가입하여 활동을 계속해 왔다. 돌이켜보면 호박회는 나의 대학 시절의 꿈과 이상을 채워 주기에 손색이 없는 모임이었다.

동서고금의 사상을 접하고 미숙하나마 토론의 기법을 익힐 수 있었던 것도 모두 호박회 활동 덕분이었다. 최인훈의 『광장』을 토론하며 분단 상황에 처해 있는 지식인의 고뇌를 이해하려 노력했고 니체의 『차라투스트라는 이렇게 말했다』를 논하며 그의 초인정신을 흠모하기도 했다. 그때가 바로 엊그제 같은데 벌써 20여 년의 세월이 흘렀다. 우리는 당시 학교에서 토론을 끝내고 아쉬움을 달래기 위해 학교 앞 콩나물 빵집이나 세느 주점을 찾아 뒤풀이 토론도 벌였다. 안암동 실개천을 세느 강으로, 그 위 다리를 미라보 다리로, 천변 술집을 세느 주점으로 삼아 우리는 술에 취해 기욤 아뽀리네르의 시 「미라보 다리」를 크게 암송하며 젊은 날의 꿈과 낭만을 만끽하곤 했다.

호박회에 대한 애정 때문인지 지금도 후배들이 선배 초청 토론회를 열면 기꺼이 모교를 찾는다. 바쁜 사회 생활 속에서도 책을 읽자는 뜻에서 졸업생만으로 OB호박회를 만들어 한 해에 두 번 정도 토론 모임을 갖고 있다. 지금 모두 대학에 몸담고 있는 최동호, 김강균, 유진채 교수 등은 호박회와 함께 나의 가슴에 언제나 따뜻하게 자리잡고 있는 벗들이다.

'한백산악회'는 독재정권이 극성을 부리던 1984년 가을 학생운동에 참여했던 선후배 동지들이 모여 만든 등산 모임이다. 순수한 우리말로 '크고 넓다'는 뜻을 가진 '한'과 '밝고 깨끗하다'는 뜻을 담은 '백'이라는 글자를 모아 이름을 지었다.

구성원들의 통일에 대한 열망 때문인지 어느 때부터인지 이름이 한라산과 백두산의 머릿글자를 모은 한백산악회(漢白山岳會)라 불려지기도 한다. 매달 둘째 일요일 일상을 벗어나 배낭을 메고 산을 오르는 자체만으로도 큰 즐거움이지만 뜻이 맞고 보고 싶은 선후배들을 탁 트인 마음으로 대할 수 있는 것은 더 큰 기쁨이다.

과거 재학시 토론을 즐겨하던 탓인지 산에 오르면 지금도 주제를 정해 토론을 벌인다. 올해부터는 아예 발제자를 미리 정해 더욱 짜임새 있는 토론을 진행하고 있다. 모임의 고문은 김윤환 교수이고, 이범증, 천영세, 조춘구, 함상근 등 회원들은 모두 60~70학번의 모교 학생운동권 출신 선후배들이다.

불혹의 나이인 지금도 회원들과 어울리면 패기 넘치던 학창 시절로 되돌아간다. 도봉산록을 때리는 빗줄기 속에서도 소주잔을 기울이며 시간 가는 줄 모르고 격론을 벌이기도 하고 하산 후 미아리 대폿집에서 대취해 흘러간 옛 노래를 부르며 주모에게 수작을 걸어볼 수 있는 것도 모두 이 흉허물 없는 선후배들이기 때문이다.

(1989. 4)

우리를 감동시킨 5월의 결혼식

'사회안전법이라는 거대한 괴물'과 맞서 17년간 옥살이를 하며 외로운 투쟁을 벌여 왔던 서준식 씨가 결혼식을 올렸다.

그의 인생 역정이 한 편의 감동적인 드라마였듯이, 그의 결혼식은 또 하나의 감동적인 시였다.

5월의 화창한 봄날, 그의 결혼을 축하해 주기 위해 천도교 수운회관에 모인 사람들은 저마다 가슴 속에 벅찬 승리의 감동을 안고 서로를 맞이하는 심정이었다.

23세의 홍안의 법학도로 체포되어 국가보안법 위반으로 7년형을 선고받아 복역을 마치고서도 '양심의 자유'를 지키기 위해 전향을 거부한 채 다시 10년간 감옥에서 '시지푸스'적 사투를 계속해 온 그가 6월 민중항쟁의 힘에 의해 자유의 몸이 되어 아름다운 신부를 맞이하게 된 것이다. 그렇기 때문에 그의 결혼잔치는 모든 민주인사들의 승리의 잔치요, 그의 기쁨은 모든 민주인사들의 감동적인 기쁨이기도 했다.

서준식 씨는 결혼식의 일반 관례와는 달리 그 스스로 신부의 손을 붙잡고 나란히 식장에 들어왔다. 운명의 여신과 싸워 온 불굴의 의지가 입장하는 모습에서도 나타나는 듯했다. 신부 김지영 씨는 밝고 아름다웠다. 43세의 늙은 신랑이 무슨 재주(?)가 있었기에 단시일에 저렇게 젊고 아름다운 신부를 맞이할 수 있었는지. 남자는 여자의 모습에 반하고, 여자는 남자의 마음에 반했다고 했는데 신부는 아마 신랑의 넓고 깊은 그 마음에 우선 반한 것이 아닐까.
　　'언젠가는 결혼도 해서 새 출발을 시작하겠지' 하고 생각해 왔으나 예상했던 것보다 빨리 청첩장을 받게 되자 반갑고 놀랍기도 했지만 한편으로는 '신부가 누구일까. 어떻게 만난 사이일까' 하는 호기심도 갖게 되었다.
　　서준식 씨가 출옥 후 자신의 글을 모아 책을 펴내게 되었는데 신부는 그 책이 나온 출판사에 근무하고 있었다고 한다. 책을 만드는 과정에서 서로 친해져 연애결혼을 한 것으로, 서로의 힘에 의해 상대방을 끌어들인 것이다. 주례를 맡으신 『한겨레신문』의 송건호 선생님의 얼굴에도 벅찬 감동의 빛이 서려 있는 듯했다.
　　송 선생님의 주례사에서 자신이 지금까지 살면서 만났던 가장 성실하고 진실된 사람이 둘 있는데 신랑 서준식 씨가 그중 한 사람이라고 말했다. 그러니까 서준식 씨는 출옥 후 짧은 기간 동안에 한 남자와 한 여자, 곧 주례와 신부를 반하게 하는 매력을 지니고 있었던 것이다.

무기수 형님의 축시

　　그를 평소 흠모해 온 민중음악가 박치음 씨가 〈내 사랑 한반도〉

를 열창하고 그의 서울법대 후배들이 〈그날이 오면〉을 합창한 것도 인상적이었지만 우리를 가장 깊게 감동시킨 것은 그의 형 서승 씨가 옥중에서 보내준 축시였다.

> 5월은 푸른 나뭇가지 꽃구름
> 싱그러운 보리이삭 스쳐
> 산들 불어오는 봄바람
> 5월은 아련한 달빛
> 라일락 꽃서리 그늘에서
> 귀기울이는 뻐꾸기 울음소리
>
> 5월은 사람답게 살자고
> 깨어나 일어선 노동자들의
> 굳게 서로 잡은 손과 손
>
> [……]
>
> 5월에 교도소를 가고
> 5월에 17년 옥살이를 헤어나
> 5월에 장가드는
> 너는
> 5월의 아들
>
> 피비린내나는 잔혹한 5월은

밝은 햇살과 바람으로
말끔히 지우고
5월의 한과 신음은
5월의 승리와 환희로써
깨끗이 씻고
민주와 통일
겨레의 새날이 오게 하자

5월에 봄의 남녀가 만나
밭을 갈고 씨를 뿌려
5월의 동산에 꽃피우고
삼천리 강산에 꽃피우고
겨레의 가슴마다에 꽃피우고
5월은 참된 겨레의 봄이 되게 하자.

 무기형을 선고받고 지금도 옥중에서 생활하고 있는 그의 형 서승 씨가 보내온 축시가 서울대 한상진 교수에 의해 낭송될 때는 눈시울을 적시는 사람들이 많았다. 그토록 오랫동안 옥고를 치르면서도 아직도 그의 시 속에 넘쳐나는 그 서정성과 투혼의 원천은 무엇일까. 옥중에서도 사랑하는 딸을 위해 조국 인도의 역사를 아름답게 적어 보낸 네루, 옥중의 창 틈으로 흐르는 구름을 바라보며 갠지스 강의 물결 위에 비치는 조국의 태양을 연상하고 불타는 조국애로 고무됐다던 네루의 그 서정적 용기를 연상하게 하는 대목이었다.

모두가 하나 되어

우리는 누가 먼저라고 할 것도 없이 함께 〈님을 위한 행진곡〉을 불렀다. 새로운 인생을 향해 출발하는 신랑과 신부를 위해, 신랑과 신부도 손을 굳게 잡고 우리와 함께 노래했다. 모두가 하나가 되는 감동의 순간이었다.

결혼식을 끝낸 후 신부의 모교 덕성여대 교정에서 피로연이 있었다. 신랑과 신부의 대학 후배들이 선도하는 풍물놀이와 함께 모두가 어우러져 신명나게 굿판을 벌임으로써 다시 한 번 결혼을 축하하게 되었다.

피로연의 하이라이트는 옥중에서 함께 복역을 했다가 후배가 나와 신랑의 두 발을 묶고 마른 명태로 신랑의 발바닥을 때리는 '신랑 다루기'였다. 그 후배는 축하객들에게 신랑의 죄상과 때릴 매수를 물은 후 사정없이(?) 북어로 신랑의 발바닥을 때렸다. 신랑과 함께 복역을 한 나이 많은 선배들은 더 세게 치라고 익살스런 호통을 치고 민주화실천가족운동협의회 소속 어머니들은 그만 때리라고 애교 섞인 항의를 해 축하연을 더욱 흥겹게 만들었다.

신부의 후배들은 '늙은 오빠 젊은 언니 데리고 살게 된 죄'를, 민가협 어머니들은 '전국의 많은 처녀들을 결혼 못 하고 기다리게 한 죄'를, 신부가 근무중인 힘출판사 동료들은 '신부로 하여금 밤늦게 2시간씩 전화를 받게 하여 근무중 졸게 만든 죄'를 들어 매를 때리게 했다.

익살과 유머 속에 그에게 부여된 죄가 그의 고난의 역경과 현재 수감중인 양심수의 현황을 다시금 조명해 주는 것 같아 일순간 착잡하고 처연한 감회에 빠져들게 했다. 신랑의 죄는 신랑 스스로가 져야 할 죄인가. 우리 시대의 무신경해진 양심 일반이 져야 할 죄인

가. 과연 무엇이 저 순결한 영혼을 17년간 감옥 속에 유폐시켰던가. 43세의 장년이 되도록까지 결혼도 못하게 한 죄악은 누구에 의해 자행되었던가.

'사회안전법'이란 괴물

그를 그토록 오랫동안 감옥 속에 유폐시킨 것은 '사회안전법'이라는 거대한 괴물이었다. 일단 사회안전법이라는 법망 속에 갇혀 본 사람이라면 누구나 다 흡사 눈에 보이지 않는 정체불명의 거대한 괴물 앞에 알몸으로 선 절망감을 느낀다고 한다.

헌법에 명백히 보장된 양심의 자유, 재판을 받을 권리를 송두리째 짓밟고 전향을 강요, 이에 응하지 않을 경우 법관에 의한 재판도 없이 감옥이라는 천애의 고도에 무한정 처박아 둘 수 있는 이 비인도적이고, 비민주적인 악법이 오늘의 문명사회에서 존재할 수 있는지 의문이다.

서춘식 씨는 감옥 생활 중 「나의 주장」이라는 글을 통해 '사회안전법이라는 괴물'의 폭거를 다음과 같이 묘사했었다.

나는 한낱 '처분대상'이 아닌 한 사람의 '인간'이다. 웃음이 있고 눈물이 있고, 사랑도 미움도 호기심도 있는 연약한 사람이다. 조루주 루오의 그림과 윌리엄 블레이크의 시를 사랑하고 바흐와 베토벤의 음악을 듣고 싶어 삭막한 감방살이를 증오하고 서러워하는 한 사람의 인간이다. 그런데 비정한 관료체제는 내가 알 수 없는 때에, 내가 알 수 없는 방법으로 나의 동태를 조사하여 보고서를 작성한다. 나는 그것을 볼 수 없기 때문에 그 보고서에 내가 어떻게 표현되어 있는지도 모르고, 따라서 그것을 시인할 수도, 거부할 수도, 반대신문할 수도 없다. 나도 모르는 사이에 그 보고서는 관료체계를 거슬러 올라가 보안처분 심사위원회에 도달된다. 심사위원들은 내가 어떻게 생긴 인간인지 알기를 원하지 않는다. 그들은 거의 뻔한 내용인 '동태보고서'를 건성건성 훑어보고는 그것을 테이블 위에 올려놓고, 아마도 그날 점심식사를 어느 식당에 가서 어떤 메뉴로 해결할 것인가를 결정하기보다 훨씬 쉽게 보안감호처분 2년 갱신을 의결할 것이다. 어느 날 '사회주의의 우월성을 믿고 전향을 거부할 뿐만 아니라 사회안전법의 부당성을 주장하는 등'이라고 두세 줄 타자된 '이유'가 첨부된 보안처분 갱신결정서가 나의 감방으로 날아들 것이다. 나는 또다시 2년을 이 싸늘한 한 평짜리 감방에 감금되어 있어야 한다. 이 전 과정에서 나는 언제나 하나의 '인격'이 아닌 '처분대상'으로 취급받을 뿐이다.

유신체제를 지탱해 온 제도적 폭력수단의 하나였던 이 법이 5공화국을 거쳐 지금까지 존속되어 무수한 사람들을 아직도 감옥의 늪 속에서 헤어나오지 못하도록 막고 있다는 것은 진정 수치스러운 일이다. 악법 중의 악법인 이 법이 '5공청산, 악법개폐'를 요구하는 국민적 여망 속에서 또한 '여소야대'의 국회하에서 아직도 존속한다는 것은 정치인인 나를 한없는 자괴감으로 몰아넣게 한다.

우리시대의 위대한 인간상

출옥 후 서준식 씨는 사석에서 '형을 따라 7일간 북한을 다녀온 경솔이 나를 17년 동안 감옥 속에 처박혀 있게 했다. 나의 경솔이 얼마나 후회스러웠는지 모른다'고 얘기한 바 있다.
　이런 그에게 공산주의자임을 인정하고 전향을 해야 석방시켜 주겠다는 강요가 과연 정당화될 수 있겠는가. 못 추는 '해방춤'을 축하객의 강권에 의해 신부의 도움을 받아 가면서 즉석에서 추어 보이는 수줍은 서준식 씨의 미소 속에서 비합법적인 공권력에 의해 나포되어 지금도 감옥에서 신음하고 있을 많은 양심수들의 모습을 찾아본다. 다시는 이 땅에 제2의 서준식은 없어야 한다고 생각하며……
　서준식 씨는 우리 시대의 위대한 '인간'이었다.
　인간의 위대성은 인간의 가능성의 폭을 넓혀 준 사람에게서 찾을 수 있다고 한다면 서준식 씨는 악법에 맞서 싸울 수 있는 인간 의지의 가능성의 폭을 넓혀 준 위대한 '인간'이 아니겠는가.
　나는 그에게 한 가지 큰 빚을 지고 있다. 23세의 홍안의 법학도로 감옥에 들어가 43세의 장년이 되도록까지 연애 한번 제대로 못한 그에게 출옥 후 나는 그의 순결한 영혼을 나에게 맡긴다면 파우스트를 열락의 세계로 안내한 악마 메피스토펠레스가 되겠다고 자임하고 나섰다. 그는 나의 말을 듣고 소박하게 웃으며 그 처절한 감옥 속에서도 지키고자 노력했던 그의 '양심'을 나에게 맡기겠노라고 얘기했다. 이 순결한 '파우스트의 혼'을 그의 결혼 때문에 영원히 파괴시킬 수 있는 기회를 잃고 말았다. 결혼식장에 들어가면서 내가 그의 어깨를 치며 '서형, 영원히 나의 채무가 이행불능이 되고 말았소'라고 말하자, 그는 그 예의 소박한 미소로 '결혼 후에라도 채무는 변제해야죠'라고 답했다. 서준식 씨 부부의 행복을 다시 한 번 빈다.
　사회안전법은 폐지되어야 한다.　　　　　　　　　(1989. 5)

돈과 인생

깊어 가는 가을밤에 분노와 허탈감으로 잠을 이루지 못한 국민들이 많았을 것이다. 도대체 돈이 무엇이길래 그토록 인간을 탐욕과 파멸의 구렁텅이로 몰아가는 것인지. 노태우 씨의 비자금 사건을 바라보면서 새삼스럽게 돈과 인생의 관계를 생각해 보지 않을 수 없다.

예로부터 동양에서는 '부귀영화'라는 말은 써도 '귀부영화'란 말은 쓰지 않았다. '귀'보다는 '부'를 더 중히 여긴 것이다. 지위나 권력 등으로 상징되는 '귀'는 곧 없어질 수 있는 한시적인 가치로 본 반면, '부'는 시간을 뛰어넘는 영속적인 가치로 평가했던 것이다.

서양 사람들 역시 돈에 대한 평가는 매일반인 것 같다. 서머셋 몸이 『인간의 멍에』에서 '금전은 제6감과도 같은 것이어서 금전이 없으면 나머지 제5감도 온전히 기능 발휘를 못한다'고 해학적으로 묘사한 것만 보아도 서양인들이 돈을 얼마나 소중히 여겼는지 쉽게 짐작할 수 있다.

'돈만 있으면 개도 멍 첨지다'라는 옛말이 있듯이 돈의 위력은 실로 대단하다. '가난한 아버지보다 부자 아버지가 입원하면 자식들이 더 많이 문병을 오는 것 같다. 재산만은 자식들에게 빨리 물려줄 것이 못되며 죽을 때까지 간직해야 자식들로부터 대접받는다'라고 어느 의대 교수가 우스갯소리를 할 정도로 돈의 위력이 더욱 거세지고 있다.

'개같이 벌어서 정승같이 쓴다' '적은 돈을 잘 써야 큰 돈도 잘 쓸 수 있다'는 등 돈벌이 철학도 다양하다. 그래서 권력을 잡으면 너나없이 그렇게도 많은 돈을 모으려고 하는지 모르겠다.

공직자 재산 공개 때의 일이다. 공직자 재산 공개로 정치인들이 물러나는 등 비난의 표적이 되자 주변 사람들은 나에게 '국회의원 선거에 떨어지기 잘했어. 국회에 들어갔으면 자네도 저런 곤욕을 치러야 되는 것 아니야'라고 농담 섞인 인사를 했는데, 개중에는 '너도 변호사 오래 했으니 돈 좀 모았을 것이 아니냐'는 비아냥이 담긴 인사말도 있었을 것이다. 그런가 하면 지금은 돈이 많은 정치인이 비난을 받지만 나중에는 돈 없는 정치인이 무능하다는 경멸을 받을 것이라고 냉소적으로 말하는 사람들도 있었다. 나 역시 재산 공개를 했다면 변호사를 10여 년 한 사람으로 무능하다는 꼬리표를 달아야 했을 것이다.

'변호사 출신 정치인들 모두 그래도 실속을 차리고 있네요'라고 공직자 재산 공개 내용을 신문에서 보던 아내가 무심코 던진 말투에서도 그들에 대한 은근한 부러움과 나에 대한 가벼운 투정이 내포되어 있는 것처럼 느껴졌다.

하여튼 돈이란 괴상한 매력을 지니고 있는 존재임이 틀림없는 것 같다. 그것은 매달리면 매달릴수록 더욱 깊이 빠져들게 하는 강한 흡인력을 지니고 있다. '클레오파트라의 코' 이상으로 고금의 역사를 지배한 폭군이었다고나 할까.

흔히 돈은 모으는 재미로 번다는 말이 있다. 그런데 나는 돈을 갚아 나가는 것도 재미있다는 것을 경험한 적이 있다. 변호사 활동을 재개하여 선거 때 진 빚을 갚아 나가면서 돈이란 모으는 재미만 있는 것이 아니라 갚아 나가는 재미도 있다는 것을 알게 되었다. 거금을 모으는 재미에 살고 있는 남들에 비해 좀 한심스럽기는 하지만 매달매달 빚이 줄어드는 것을 느끼는 것도 재미는 재미였다. 드디어 빚을 갚고 나는 갚는 재미에서 모으는 재미도 맛볼 수 있는 전환점에 서게 되었다. 갚는 것도 재미가 있거늘 모으는 재미는 얼마나 클 것인지를 생각할 때 가슴이 설레기도 했다. 그런데 일정한 목표를 정하고 모으는 재미에 맛을 들여볼까 했더니 마음이 괜히 바빠지고 생활에 여유가 없어지는 것이었다. 적절히 사건 수임수를 조절해야겠다고 생각하면서도 한편으로는 사건을 놓치고 싶지 않은 유혹을 느꼈다. 그래서 집에까지 사건 보따리를 가지고 와서 잠을 줄여 가며 변론 준비를 해야 했다. 그런 모습을 지켜보던 아내는 '당신 건강을 해칠 정도로 무리하는 것 아니냐'고 걱정스러워하면서도 싫지 않은 표정이었다. 어쩌면 그때 나 스스로도 돈 모으는 재미에 점점 더 탐닉해 들어가고 있었는지 모르겠다.

'먹고 사는 것을 끊임없이 걱정해야 하는 것만큼 인생에서 고달픈 일은 없네. 난 금전을 멸시하는 사람에 대해서는 언제나 경멸하는 태도로 임하고 있네. 그따위 녀석은 위선자가 아니면 바보천치 둘 중에 하나이겠지.' 서머셋 몸의 이런 적나라한 돈 예찬론을 단순한 속물근성적 사고라고 치부해 버릴 수만은 없다.

그러나 돈이 아무리 소중한 것이라고 해도 돈에 대한 애착은 경계해야 하겠다. 돈은 어떻게 보면 불가근, 불가원의 존재이다. 너무 멀리해도, 너무 가까이해도 안 되는 것이다. 인간이 돈의 주인이 되어야지 돈이 인간의 주인이 되어서는 안 될 것이다. 돈의 가치란 소유하는 데 있는 것이 아니라 사용하는 데 있는데, 우리 주변에는 돈 자체를 소유하는 데 집착하는 사람들이 너무 많다. 자신이 일평생 도저히 다 사용할 수 없는 돈을 벌기 위해 노심초사 돈에 매달리는 모습을 바라보게 된다. 어느새 돈의 포로가 되고, 종국에는 돈 때문에 자신을 망치게 된다.

돈을 갖고자 하는 목적은 생활의 안정과 삶의 여유를 찾기 위함이다. 그런데 돈에 집착하게 되면 종국에는 돈의 노예가 되어 오히려 불안과 긴장 속에 나날을 보내게 된다. 이렇게 되면 돈을 모으는 목적이 생활의 유족함을 위해서가 아니라 일종의 허영심, 자기 과시욕을 맛보기 위한 수단으로 전락하여 더 소중한 다른 것을 잃게 되는 것이다. 최근 노태우 씨가 처한 상황에서 우리는 그것을 확인할 수 있다.

돈이란 독립된 인간이 인간답게 살기 위한 수단이어야 한다. 그러기 위해서는 얼마 정도의 돈이 필요할까.

자녀를 제대로 키울 수 있는 돈, 병이 났을 경우 충분히 치료할 수 있는 돈만 있으면 족하지 않을까. 좀더 욕심을 부린다면 1년에 한 번이라도 가고 싶은 곳을 여행할 수 있는 여유가 있으면 좋겠다.

옛날 어느 가난한 부부가 살았는데 부인이 비단 10필을 내려 주시라고 하느님께 기도를 드렸다. 그것을 지켜보던 남편이 왜 10필만 달라고 하느냐, 기왕이면 100필을 달라고 기도하라고 했다. 그러자 부인은 "안 돼요. 만일 10필을 받아 집안에 여유가 생기게 되면 당신은 첩을 맞아들일 테니까요"라고 대답했다. 돈에 관한 생활의 예지를 보여주는 좋은 얘기라 하겠다.

정치가의 주머니는 돈이 일시 지나가는 정거장이 되어야지, 돈을 언제까지나 보관하는 금고가 되어서는 안 된다는 말이 있다. 정치가에게 있어서 돈은 활동의 수단이지, 치부의 대상이 되어서는 안 된다.

돈에 대한 탐욕 때문에 평생 쌓아올린 명예를 하루아침에 잃고 몸과 마음이 무너져내린 듯이 검찰청을 빠져 나오는 노태우 씨의 모습을 보면서 새삼 인생살이가 처연해지는 느낌을 갖지 않을 수 없다.

(1994. 5)

인권변호사 삼총사

유신 이래 군사독재 정권하에서 민주화운동을 펴다 옥고를 치른 수많은 양심수들에게 용기와 희망을 주었던 일군의 변호사들이 있었다. 이들은 바로 양심수들의 변론을 도맡아 주었던 세칭 인권변호사들로서, 조준희·홍성우·황인철은 이들 인권변호사 그룹의 중핵을 이루고 암울했던 독재정권하에서 인권의 파수꾼 역할을 했다.

이들은 단지 양심수들에 대한 변론활동만을 해온 것이 아니라 민주화운동에 직·간접적으로 참여하여 그 운동의 활력소 내지 견인차 역할도 했다. 권력의 시녀로 전락했던 검찰, 부도덕한 공권력에 합법적인 외투를 제공했던 사법부, 침묵을 강요당한 관제언론하에서 독재정권에 맞서 싸우다 고립무원의 철창 속에 갇힌 양심수들에게 이들 변호사들의 존재는 절망 속의 구원의 빛이자 새로운 용기의 촉발제로 작용했던 것이다.

사실 이들과 같은 인권변호사들이 뒤에서 도와주지 않았다면 민주화운동을 주도해 온 수많은 인사들은 한층 무겁고 힘든 싸움을 했을 것이다. 이들은 어떤 때는 양심수들에 대한 변론 활동을 통해, 어떤 때는 직접 그들 양심수와 같이 투쟁 대열에 서서 민주화운동을 주도해 나갔다. 그런 의미에서 이들의 활동은 우리 인권사는 물론 민주운동사, 나아가 헌정사에도 큰 족적과 공헌을 남겼다고 하겠다.

유신 이래 활동을 계속해 온 이들 세 변호사는 민청학련사건, 크리스천아카데미사건, YH무역사건, 미문화원방화사건, 구로연대파업사건, 부천서 성고문사건 등 크고 작은 모든 시국 관련 사건의 변론에 직·간접적으로 참여하여 참으로 눈부신 활동상을 전개해 왔다. 이들은 양심수에 대한 단순한 법정 변론에 그치지 않고 구속 중에는 물론 석방 이후에도 그들의 뒷바라지까지 해주는 경우도 많았다. 이들은 형처럼 부모처럼 헌신적으로 양심수들을 도왔던 것이다.

양심수들이 이들을 모르면 양심수가 아니라고 할 정도로 유명세도 높았다. "법정에서 예리한 법이론과 헌신적인 정열로 공안검사들과 맞서 양심수들의 정당성을 옹호하는 모습 속에서 우리는 시대의 양심이 살아 있음을 확인할 수 있었다"고 훗날 그들의 도움을 받았던 양심수들은 회고하며 이들에게 한없는 신뢰와 존경을 보낸다. 양심수들은 한결같이 이들이 자신들의 변론을 맡아 줄 것을 원했는데, 이것은 무죄 판결을 기대해서가 아니라 자신들의 편에 서서 자신들의 활동상을 법정 변론을 통해 정확히 외부에 알려지기를 바랐기 때문이다.

당시 이들이 변론을 맡으면 오히려 찍혀 무죄가 될 사건도 유죄가 되고 만다는 우스갯소리도 있었다. 그럼에도 불구하고 양심수들이 이들의 조력을 받기를 그토록 원했던 것은 그들에 대한 무한한 신뢰, 함께 가고 있다는 동지적 인식 때문일 것이다. 실로 이들은 양심수들을 위해 법정에서 한풀이 굿을 해주는 무당과도 같은 존재였다고 할 수 있다.

 이들 세 인권변호사들은 민주화운동에 조직적으로 참여하여 그들 단체에 법적·이론적인 무장을 제공했을 뿐만 아니라 재정적으로 돕는 데 앞장서기도 했다. 이들의 순수한 정열, 균형 잡힌 합리성, 대중으로부터의 신뢰성은 그들이 참여한 민주화운동의 합법성·대중성·명망성 등을 제고하는 데에 큰 기여를 했다. 각종 종교단체와 교수 등 지식인들도 이들과의 연대 속에서 더 큰 결속력과 활동성을 발휘할 수 있었다. 나아가 이들은 보수적인 풍토 속에 안주하기 쉬운 기존의 변호사들에게도 인권의 중요성을 새롭게 인식시키고 인권문제에 더 많은 관심을 갖도록 하는 계기를 만들어 주었고, 인권 옹호를 위한 대한변협의 활동을 촉진하는 데도 기여했다.

 조준희·홍성우·황인철 트로이카는 지금의 '민주화사회를 위한 변호사 모임'과 그 전신인 정법회의 회장직을 맡아 소속 인권변호사들을 이끌었다. 오늘날 인권변호사들의 모임으로 확고하게 뿌리내려 다양한 활동상을 보여주고 있는 민주사회를 위한 변호사 모임, 이른바 '민변'도 이들 세 변호사의 확고한 지도력 아래 더욱 성장, 발전해 나갔다고 해도 과언이 아닐 것이다.

 이들은 유신 당시부터 활동해 온 인권변호사의 제1세대 변호사라고 할 이돈명·유현석·한승헌·강신옥·고영구·최영도·하경

철·이돈희 등과 함께 그룹의 중핵으로서 앞장서 활동했으며 1980년대부터 이들을 뒤따라 참여한 인권변호사의 제2세대라고 할 조영래·김상철·박용일·서예교·박성민·박원순·안영도·박인제·김동현·김충진 등을 지도하며 오늘의 민변을 만들었고, 지금은 민변의 이름하에 인권변론 활동에 맹위를 떨치고 있는 3, 4세대의 인권변호사들의 정신적인 리더로서 자리잡고 있다.

이들 세 변호사들은 나름대로의 개인적인 특성을 갖고 있다. 홍성우 변호사가 선이 굵고 스케일이 커 앞장서 치고 나가는 형이라고 한다면, 황인철 변호사는 부드럽고도 섬세한 면모를 지니고 있어 뒷마무리를 짓는 형이라 할 수 있겠고, 조준희 변호사는 이들의 중간적 성격을 가졌다고 말할 수 있겠다. 비유가 적절한지는 모르겠으나 이들은 인권변호사 삼총사로서 망치와 면도칼과 송곳처럼 기능적으로 결합하여 우리 인권운동사에 불멸의 공적을 남겼던 것이다.

지난 늦가을 밤 인사동 골목의 한 식당에서는 끝없는 정담이 무르익어 갔다. 이른바 『말』지사건으로 알려진 보도지침 폭로사건의 피고인이었던 김태홍·신홍범·김주언 3인이 항소심에서 무죄선고를 받은 후 그들을 변론해 주었던 변호사들을 초대하는 모임을 마련한 것이다. 유명을 달리한 황인철·조영래와 외국에 나간 박원순 변호사를 제외하고 이돈명·한승헌·조준희·홍성우·신기하 등이 참석했다. 그리고 서로가 변호사와 피고인의 관계를 떠나 선배로서, 동지로서 어울려 지나간 날들을 되새기며 추억의 정담 속으로 몰입해 들어갔다.

이날 주홍이 무르익자 조준희 변호사가 '나를 빼고 여기 참석한 변호사들은 모두 감옥살이를 한 불량한 변호사들'이라고 농담을 했지만 실지로 참석한 변호사들은 민주화운동에 직·간접적으로 참여했다가 옥고를 치르거나 수모를 당한 변호사들이다. 이돈명 변호사는 이부영 씨를 은닉해 주었다는 이유로, 한승헌 변호사는 필화사건 등으로, 신기하 변호사는 민통련사건으로, 필자는 대우조선소 노동자 이석규 사망사건으로 옥고를 치른 변호사 아닌 피고인이기도 했고, 홍성우 변호사는 1980년 7월 '134지식인 서명사건'에 연루되어 정보부에 끌려가 갖은 고초를 당하고 변호사 자격까지 정지되는 수모를 겪어야 했던 당사자이다.

한마디로 이들이 겪은 고통은 몸을 내던져 인권옹호 활동을 해왔던 인권변호사들의 상징적인 징표들로서 홍성우·조준희·황인철을 포함한 인권변호사들이 얼마나 어렵게 그리고 뜨거운 가슴으로 사건에 부딪혀 나갔는가를 잘 나타내 주는 일들이라 하겠다. 이돈명 변호사의 경우 실제로 이부영 씨를 숨겨 주었던 고영구 변호사를 대신해 십자가를 졌던 것이다. 자신이 십자가를 지면 더 가벼울 것이라고 생각하고 후배 변호사를 위해 처음 말을 맞춘 대로 자신이 이부영 씨를 숨겨 주었다고 거짓 진술을 하고 범인 은닉죄의 처벌을 감수했던 것이다. 그리고 옥중에 면회 온 김수환(金壽煥) 추기경에게 그 거짓 진술에 대해 고해성사를 했다고 한다.

얼마나 고결하고 희생적인 동지애인가. 이러한 인권변호사들의 동지애를 바탕으로 조준희·홍성우·황인철은 우리 인권사에 불멸의 거봉으로 자리잡을 수 있었던 것이다.   (1995. 8)

시간의 의미

또 다시 한 해가 저물어가고 있다.
누구에게나 객관적으로 똑같게 주어진 한 해이지만 주관적으로는 사용한 사람에 따라 양과 질이 다르게 느껴질 것이다.

사실 누구에게나 똑같이 다가왔다가 흘러가 버리는 객관적인 시간은 의미가 없다. 그것은 과거와 미래가 없는 허무한 흐름일 뿐이다. 인간의 주체성과 분리된 동토 위를 지나는 강물과 같은 존재이다. 그러나 주관적 시간에는 인간의 애환이 숨쉬고 인간의 창조성이 농축되어 있다. 인간의 생의 가치도 그가 보낸 이 주관적 시간의 양과 질에 의해 평가된다.

영국의 고고학자 카터는 이집트에서 미라를 발굴하면서 이 시간의 주관성을 감동적으로 묘사했다. 카터는 도굴되지 않고 완벽하게 보존된 18세의 젊은 왕 투탕카멘의 묘를 발굴하게 된다. 세 겹의 황금관 속에 잠들어 있는 젊은 왕의 순금 마스크 위에 놓인 한 묶음의 꽃다발을 보았을 때 그는 예술적 감동 이상의 깊은 법열을 느낀다.

그 꽃다발은 청상과부가 된 나이 어린 왕비가 남편에게 바친 마지막 작별의 선물이었는데 잘 보존되어 삼천 년이 지났는데도 불과 이틀 전에 놓고 간 꽃다발처럼 보였던 것이다. 무수한 부장품을 발견할 때도 느끼지 못했던 진한 감동이 그를 불가사의 외경감으로 몰고 갔다. 그 꽃다발은 삼천 년의 장구한 세월도 느끼기에 따라서 얼마나 짧은 순간이 될 수 있는가를 보여주고 있었다.

천 년의 세월도 지나간 어제와 같다고 시편은 노래하고 있지만 우리는 한편 순간의 극점에서 영원의 무한성을 찾고자 한다. 자신이 찾고자 한 순간을 위해 메피스토펠레스에게 영혼을 판 파우스트는 멈췄다고 외친 순간 속에서 영원을 보았다고 할까.

시간은 사용자의 능력에 따라 무한정의 경험을 담을 수 있는 그릇과도 같은 것이다. 시간의 길이와 밀도, 그 다채로움은 전적으로 사용자에 의해 결정된다.

흔히 시간에도 생명이 있다고 한다. 시간이 현자를 만나면 그 생명이 연장되지만, 게으른 우자와 만나면 그냥 망각의 늪으로 흘러가 버릴 뿐이다.

객관적인 시간은 처음과 끝이 없는 연속적인 흐름이다. 그런데 인간은 그 흐름을 잘라내어 처음과 끝을 만들어낸다. 새로운 시작을, 새로운 출발을 만들어내는 것이다. 그 출발은 새로운 창조를 위한 도전으로, 용기이자 희망이다. 과거의 타성을 뛰어넘을 수 있는 인간만이 갖는 위대함이다.

또다시 한 해를 맞는 시작의 문턱에 서서 내년만은 보다 다채롭고 풍요로운 시간을 만들어 보겠다고 다짐해 본다. (1996. 12)

조조영화와 낮술

요즘 대낮에 영화관이나 기원을 찾는 사람들이 늘고 있다고 한다.

경제난과 함께 조기퇴직이다, 명예퇴직이다 하여 직장을 잃은 사람들이 낮에 시간을 때우는 장소로 영화관이나 기원을 이용하기 때문이다.

1960년대 말 '조조영화'가 성행했던 시절이 있었다. 당시 직장을 못 구해 하릴없이 지내는 사람들이 단돈 몇백 원으로 시간을 죽이기 위해 찾는 장소가 조조영화를 상영하는 삼류 극장이었다.

조조영화를 보는 사람들이 마음은 춥고 그늘져 있다. 그래서인지 그들은 시간을 때우러 영화관에 갔다가도 쉽게 영화 내용에 감동되어 웃고 울기도 하는 여린 마음의 사람들이다.

조조영화와 비슷한 분위기를 자아내는 '낮술'이라는 말이 있다. 대낮에 얼굴이 붉게 취해 거리를 어슬렁거리는 사람들의 마음은 조조영화를 보는 사람들의 심정과 크게 다를 바가 없을 것이다. 낮술은 밤에 마시는 술과는 다르다. 낮술은 열심히 일을 하고 느긋한 마음으로 친구들과 한잔 걸치는 밤술과는 다르다. 여유가 있어 호기 있게 한잔하며 예쁜 색시에게 수작이라도 걸어 보기 위해 마시는 사람들의 술도 아니다. 주머니가 비어 있어 단돈 몇백 원으로 막소주를 사서 막힌 심정을 털어 보려고 마시는 술이다.

과거 어려운 시대를 살아온 우리 오십대에게 조조영화나 낮술은 우리 생의 한 부분을 지나간 감미로운 추억의 대상이기도 했다.

조조영화를 보거나 낮술을 먹어야 했던 어려운 시절은 우리에게 일시 좌절을 주기도 했던 때이지만 한편 우리에게 무한한 도전을 약속했던 때이기도 했다.

그런데 요즘 조조영화를 보는 사람들은 주로 나이 지긋한 인생의 황혼기에 처한 사람이 많은 것 같다. 그들은 일시적인 좌절 속에서 조조영화를 보는 것이 아니라 어쩌면 인생의 마지막장에서 좌절의 아픔을 겪게 되고 별달리 꿈을 갖지 못하기 때문에 더욱 가슴이 추운 사람들일지 모른다.

산다는 것은 즐거운 것이다. 활기 있게 산다는 것은 더욱 즐거운 것이다. 나아가 함께 활기 있게 사는 것은 가장 즐거운 것이다.

최근 기업이 어렵다고 하며 쉽게 사람들을 내보내고 있다. 그리고 이제 정리해고가 법제화되어 기업가들이 마음만 먹으면 조자룡 헌칼 휘두르듯 마구 사람들을 내보낼 수 있게 되었다.

자기만을 위해 사는 사람들보다는 함께 활기 있게 사는 세상을 만들기 위해 노력하는 사람들의 삶이 더욱 아름답다.

눈이라도 포근하게 왔으면 좋겠다. 그래서 그 흰눈으로라도 추운 사람들의 마음을 따뜻하게 덮어 주었으면 좋겠다. (1996. 12)

다이애나, 그녀의 삶의 무게

유치원의 보모에서 하루아침에 영국의 왕세자비가 된 우리 시대의 신데렐라 다이애나는 갔다. '세기의 결혼식'으로 시작했던 그녀는 죽을 때도 '세기의 장례식'을 보여주었다. 특히 금세기 성녀로 추앙받는 테레사와 같은 시기에 죽으면서 테레사와 함께 세기의 여성으로 찬사를 받으며 우리 곁을 떠났다.

중동의 어떤 신문은 다이애나를 이런저런 남자들과 놀아난 더러운 여자로 묘사했다고 한다. 회교권의 규범체계에서 보면 다이애나는 결코 칭찬받을 정숙한 여성은 될 수 없는 듯하다. 그런데도 전세계 특히 서구사회는 그녀의 죽음을 세기적인 손실의 하나로 슬퍼하고 있다.

이제 좀 차분하게 다이애나의 삶을 인생이란 저울에 올려놓을 때가 되었다. 과연 그녀의 삶의 무게는 얼마나 나갈까.

성경에는 인간의 양면성을 보여주는 두 가지 대조적인 이야기가 나온다. 뱀의 유혹에 넘어가 금지된 과일을 따먹는 하와에 대한 이야기이다. 그것은 욕망의 유혹 속에 갇혀 있는 인간의 원죄적·숙명적 한계를 보여주고 있다.

또 하나는 예수가 40일간 광야에서 단식한 후 마귀의 시험을 받은 이야기이다. 마귀가 예수에게 다가가 '당신이 하느님의 아들이거든 이 돌더러 빵이 되라고 해보시오'라고 유혹했을 때, 예수는 '인간은 빵으로만 사는 존재가 아니라 하느님의 말씀으로 사는 존재'라고 말한다. 이는 인간이 존재론적 한계를 넘어 신처럼 비상할 수 있다는 가능성을 보여주고 있다. 40일간의 단식을 하고서도 빵을 마다하고 말씀으로 살겠다는 자세는 인간이 다다를 수 있는 최고의 경지이기 때문이다.

성서의 이야기처럼 인간이 원죄적인 한계와 신적인 초월의 양극 사이를 오르내리는 도상(道上)의 존재라면 다이애나는 어느 선상에 머물다 갔다고 말할 수 있을까.

테레사는 인간의 사랑이 어디까지 갈 수 있으며, 얼마나 지속될 수 있는가를 그녀의 생활 속에서 보여주었다. 인간의 욕망과 한계까지도 초극하였음을 삶의 전 역정을 통해 보여주었던 것이다. 인간이 빵만으로 살지 않고 말씀으로 사는 존재가 될 수 있음을 확인시킨 것이다. 그래서 누구나 그녀를 금세기 최고의 성녀라고 부르는 것을 주저하지 않는다.

이에 반해 다이애나는 빵의 유혹을 받아 금지된 과일을 따먹는 하와와 다를 바 없는 한계를 보여주기도 했다. 그녀는 이성에 대한 끝없는 욕망으로 고민해 왔다. 죽을 때까지 애인을 동반해야 했던 그녀의 남성편력은 그녀의 인간적 한계를 잘 보여주고 있다.

그런데 다이애나는 그냥 인간의 존재론적 한계에 무릎을 꿇은 것은 아니다. 그녀의 삶은 분방하면서도 역동적이다. 그녀의 삶은 초월을 원하고 자기 상승을 위해 노력한다. 가난하고 고통받는 사람들에 대해 따뜻한 애정을 보내며, '아프리카 어린이 구호운동'이나 '대인지뢰 철폐운동'에서 보여준 그녀의 지속적이고 헌신적인 목소리가 그것이다.

그녀는 관습의 벽 앞에서도 주저앉지 않았다. 첫임신 중 "나는 왕실의 후손을 낳기 위해 결혼한 게 아니다"라며 당당히 영국 왕실에 맞섰던 여성이다.

인간적인 한계 속에서 벗어나지 못하는 나약함을 지니고 있으면서도 그 한계에 충실하여 그 한계를 뛰어넘으려는 초극의 의지를 보였다. 그렇기 때문에 자크 시라크 프랑스 대통령은 '그녀는 따뜻하고 관대하며 생명력이 충만한 우리 시대의 젊은 연인이었다'고 애탄했다.

죽기 며칠 전 테레사도 "가난한 사람들과 함께 한 다이애나를 위해 나와 모든 수녀들이 기도하고 있다"고 하면서 그녀의 장례식에 참석하고 말했다. 성녀 테레사는 다이애나는 따뜻한 친구 이상으로 사랑했던 것 같다. 구호사업과 관련해 큰 도움을 주는 고마운 사람 이상의 깊은 애정을 지니고 있었던 것이다. 테레사를 끌게 했던 것은 자신이 갖지 못한 생의 다채로움에 대한 동경심이 아닐까. 다이애나는 따뜻함, 아름다움과 청순함을 용광로 속에 용해시켜 역동적이고 다채로운 삶을 빚어낸 여성이었다.

테레사가 존경의 대상이라면 다이애나는 사랑의 대상이다. 테레사는 우리 범부의 생과는 거리가 먼 고매함에 감싸여 있다. 그 반면 다이애나는 우리 모두가 빠질 수 있는, 고민할 수 있는 인간적인 삶을 살았다. 노력하기 때문에 방황하는 우리의 자화상과도 같은 삶을 살다가 간 것이다. 그렇기 때문에 그 생명력이 넘치는 삶의 회오리를 우리는 연민의 정과 함께 이해하고 부러워하기도 한다.

　나약하면서도 강인하고자 원했던 인간적인 다이애나, 생명력이 넘치는 다이애나는 생의 다채로움, 충만함, 역동성을 보여주고 갔다.

　그녀의 삶은 '모든 이론은 회색이요, 생은 초록색'이라고 했던 괴테의 말을 다시금 떠올리게 한다. 　　　　　　　　　(1997. 10)

인간의 집념

이집트 여행 때의 일이다. 타임머신을 타고 삼천오백 년 전의 고대 이집트로 돌아간다는 기대와 설레임을 갖고 나일강 상류의 룩소르를 찾았다. 그런데 정작 나를 감동과 흥분으로 이끈 것은 거대한 카르나크 대신전도, 왕조의 무덤이 있는 '왕들의 계곡'도 아닌 그 계곡 입구에 있는 영국 출신 고고학자 호와드 카터의 별장이었다.

카터는 왕들의 무덤 중 유일하게 도굴꾼의 약탈을 모면한 투탕카멘의 묘를 찾아내어 고고학적 탐사에 위대한 금자탑을 세운 인물이다. 그는 고고학자로서 일생을 파라오의 무덤을 발굴하는 작업에 보냈는데, 투탕카멘의 묘를 발견하면서 보여준 불굴의 집념과 끈기는 가히 초인적이었다. 그는 투탕카멘의 발견으로 인류문화의 수수께끼를 푸는 데 가장 크게 기여한 인물 중의 한 사람으로 기록되어 있다.

람세스 1세와 세토스 1세의 무덤을 발굴한 벨조니도 왕들의 계곡에는 더 이상 새로운 왕의 무덤이 없다고 단언했고, 프러시아의 대원정대 대장인 렙시우스도 왕들의 계곡을 정밀 측량한 후 더 이상 발굴할 것이 없다는 의견을 표명했음에도 불구하고 카터는 그의 동물적 후각으로 왕의 무덤, 그것도 특정왕의 무덤이 더 있다고 선언하고 6년이라는 긴 세월 동안 왕들의 계곡을 파헤치는 지루한 작업을 계속했다. 그의 무모하리만치 황당하게 보인 판단의 대담성, 불굴의 투혼이 과연 어디에서 비롯된 것인지, 나를 경탄의 마음으로 동경케 했던 인물이다.

그런데 왕들의 계곡을 가보고 나는 다시 한번 놀라지 않을 수 없었다. 왕들의 계곡은 황량한 사막의 골짜기에 위치하고 있었다. 동굴처럼 되어 있는 방들은 도굴꾼들로부터 약탈당해 비어 있고 그곳은 여우나 박쥐들의 서식처로 되어 있었다. 태양이 지는 나일 강 서쪽 강변 깊숙이 20~30km나 떨어져 있는 언제나 죽음의 그림자가 드리워져 있는 사막의 계곡에 위치하여 밤이 되면 끝없는 적막과 함께 왕들의 유령이라도 나올 것 같은 괴기가 흐르는 골짜기이다. 은빛으로 넘쳐 흐르는 나일의 젖줄을 받아 초록으로 빛나는 생명의 땅 나일 강 동쪽 지역과는 완전히 다른 지옥의 변방 같은 곳이다.

그런데 카터는 이 골짜기 입구 언덕에 멋들어진 별장을 짓고 6년 이상을 버티면서 다른 사람에게는 막연하고 무모한 희망으로 보인 투탕카멘의 묘를 찾겠다는 일념으로 생활했다는 것이다.

인간의 집념이 이처럼 무서운 것인가를 새삼 생각하게 했고 인간이 가질 수 있는 최고의 오만함까지도 느끼게 했다. 물론 카터가 그를 돕는 사람들과 함께 그 별장에서 기거했겠지만 기약할 수 없는 왕의 묘를 찾겠다고 하며 그 황량하고 음산한 죽음의 계곡에서 6년간 살았다는 것은 감히 우리와 같은 범부들은 흉내내기 어려운 일이라 아니할 수 없다. 인간의 가능성의 폭을 넓힌 인물을 영웅이라고 부른다면, 카터 역시 인간이 도달할 수 있는 최극점을 보여준 또 하나의 영웅이 아닐까? 그의 광기어린 집념에 일종의 외경과 함께 감동을 갖지 않을 수 없었다. 죽은 왕들의 괴기가 흐르는 밤에 이 골짜기 저 언덕의 별장에서 카터는 무슨 생각을 하며 지냈을까 하고 생각하니 오싹한 마음과 함께 정말 대단하고, 멋진 인물이구나 하는 존경심을 갖지 않을 수 없었다.

한 인간으로 하여금 특정된 일에 그토록 몰두할 수 있도록 만들어 주는 힘의 원천은 과연 어디에서 비롯된 것일까? 고고학자 쉴리만도 7세 때 트로이의 전쟁에 대한 호메로스의 얘기를 듣고 그 전쟁터가 실제로 존재할 것이라고 믿은 후 일생을 그 전쟁터를 찾는데 보냈고, 마침내 트로이의 유적을 찾아내는 집념을 보여주었다. 김정호가 대동여지도를 만들면서 보였던 그 집념과 끈기, 효봉 스님이 진리의 길을 찾아 비정하게 가족까지 버리고 마침내 득도의 길에 오른 그 처절한 집념 등은 과연 어디에서 생기는 힘일까?

철학자 쇼펜하우어는 인간을 특정 사물에 몰두하게 하는 힘은 그 사물을 알고자 하는 사랑 때문이라고 말했다. 어떤 것 자체를 좋아하고 사랑으로 행하는 사람은 아주 진지하게 그 일에 몰두할 수 있다는 것이다. 위대한 사상은 위대한 지혜의 산물이 아니고 위대한 사랑의 산물이라는 말과도 서로 상통하는 논리이다. 그렇다면 특정 사물을 알고자 하는 사랑은 무엇에서 비롯될까? 질문은 끝이 없이 이어진다. 그것은 생의 심부를 푸는 수수께끼와도 같은 것일지도 모른다.

　서머셋 몸은 「인간의 굴레」에서 인생은 페르시아의 융단 같은 것이라고 얘기했다. 융단을 짜는 사람이 자신의 기호에 따라 무늬를 넣어 가는 것처럼 인간도 자기 기호, 기질에 따라 생을 엮어 간다는 것이다. 따라서 생의 무게를 잴 수 있는 절대적인 자는 없다는 것이다.

　그러나 자기가 좋아하는 무늬를 짜 간다는 것과 처음 선택한 무늬를 어떤 역경 속에서도 계속 짜 간다는 것은 별개의 문제이다. 사랑과 좋아하는 것은 다르다. 좋아하는 것은 피동적인 대상의 문제지만 사랑에는 대상의 문제 이상의 주체적인 선택, 노력, 정서적 성숙성이 요구된다.

　공자는 논어에서 아는 것(知)보다는 좋아하는 것(好)이 낫고, 좋아하는 것보다는 즐기는 것(樂)이 낫다고 했는데, 쇼펜하우어가 말하는 특정 사물에 대한 몰두, 사랑은 논어에서 말하는 즐김의 경지와 서로 같은 것이 아닐까?

　대상을 진정으로 사랑하고 즐기는 경지에 이르기까지는 주체적인 선택과 초인적인 각고의 나날이 필요할 것이다.　　　(2001. 8)

광활한 대지위의 향수

내가 감명 깊게 본 영화로 〈의사 지바고〉를 들 수 있겠다. 〈의사 지바고〉는 혁명과 사랑을 주제로 하고 있어 이상과 정열에 불타 학생운동에 몰입해 있던 대학 3학년의 나에게 더 큰 감동을 주었던 것 같다.

아름답고 순결한 처녀 라라가 성탄절 파티에서 그녀의 인생을 망쳐 놓은 코마로프스키에게 권총을 쏘고, 그녀의 애인 파샤가 나타나 당당하게 그녀를 밖으로 데리고 나가는 장면, 바리키노로 가는 지바고 가족을 태운 우랄 행 열차가 눈의 바다를 헤치고 나아갈 때 양옆으로 물결치듯 갈라지는 하얀 눈줄기, 특별 열차 안에서 붙잡혀 온 지바고를 심문하는 스트렐니코프로 불린 파샤에게서 풍기는 혁명적 열정과 단호하고 절제된 개성미, 유라틴 도서관에서 극적으로 다시 만나 낙엽이 떨어지는 도서관 앞 의자에 앉아 서로의 지난 날을 얘기하는 지바고와 라라의 정감어린 모습, 혁명의 와중 속에서도 바리키노의 자연과 교감하며 시작(詩作)에 몰두하는 지바고에게서 풍기는 생동감 넘치는 예술적인 혼의 향기 등 지금도 감미로운 라라의 테마 음악과 눈에 선하게 떠오르는 인상 깊은 장면들이다.

〈의사 지바고〉는 혁명이라는 거대한 격랑 속에서 개인적인 자유를 추구하며, 나름대로 성실한 삶을 살아가려는 지식인 지바고의 삶의 역정을 담고 있다.

또한 정치적, 사회적으로 어떤 선택도 용납하지 않는 시대 상황 속에서 운명적으로 만난 지바고와 라라의 지순한 사랑을 보여주고 있다.

혁명이라는 역사적 괴물 앞에서 인간의 운명이 얼마나 쉽게 타율적인 요소에 의해 좌우되는가를 보여주고 있는가 하면, 그 거대한 파고 속에서도 자신의 생의 방식을 고집하려는 끈질긴 인간의 모습도 보여주고 있다.

영화 속의 인물 중 가장 강한 인상으로 다가오는 인물은 역시 라라일 것이다. 순결한 혼과 관능적인 욕망을 동시에 지닌 16세의 소녀 라라는 어머니의 정부인 코마로프스키의 유혹을 뿌리치지 못한다. 그러나 악마의 요술처럼 6개월간 그녀를 붙잡아 매던 그 소녀적인 탐닉을 떨쳐 버리고 서로 사랑해 온 파샤와 결혼한다. 유라틴에서의 파샤와의 2년 간의 평온한 결혼 생활은 전쟁의 와중 속에서 결국 부서져 버린다. 그리고 운명적인 해후를 통해 지바고를 만나 지순한 사랑을 경험하고 다시금 지바고와 딸을 위해 그녀가 그토록 경멸하고 저주했던 코마로프스키를 따라 극동으로 떠난다.

라라는 영화 속의 한 배역이라기보다는 영원한 러시아를 상징하는 영화의 중심 테마이다. 그녀가 겪는 찬란하고, 불행하고, 예측

할 수 없는 역경은 곧 러시아가 혁명을 전후해서 겪는 역사이기도 하다. 금발의 여인 라라는 자비롭고 멋지고 아름다움이 흘러넘친다. 모든 것을 받아들이는 사랑스러움과 따뜻함과 부드러움을 가지고 있다. 그녀의 앞에서는 모든 것이 용해되고 만다. 그녀에게는 모든 사람들이 그녀를 사랑하게 만드는 힘이 있다. 사악하고 실제적인 코마로프스키도 그녀를 잊지 못하고 파샤도 지바고도 그녀를 영원히 사랑하게 된다. 모든 것을 품고, 모든 것을 사랑하는 러시아의 광활한 대지와도 같은 여인으로 우리들의 영원한 연인의 표상이다.

이 영화는 그 빼어난 영상미와 뛰어난 음악성의 조화로 노벨문학상을 받은 원작보다도 훨씬 큰 감동을 주고 있다. 그러나 이 영화의 가장 뛰어난 예술성은 장엄성과 아름다움의 조화에서 찾을 수 있을 것이다.

아름다움이 완전성과 조화로부터 얻어지는 사랑스러운 감정이라면 장엄함은 경외의 감정이다. 칸트는 장엄성은 감동시키고 아름다움은 자극한다고 했는데 〈의사 지바고〉는 그 빼어난 영상미와 음악성으로 우리를 자극하고 그 웅대한 스케일로 우리를 감동시킨다.

한마디로 〈의사 지바고〉는 큰 것과 위대한 것에 대한 우리의 향수를 채워 주는 영화이다. 지루한 일상적인 생활로부터 해방시키는 비일상적인 경험에의 동경을 안고 살아가는 우리에게 신선한 충격을 주어 굳어진 습관의 벽을 부수게 해주는 영화이다.   (1998. 12)

2부
절망 끝에서 희망 낚기

나는 충무경찰서 유치장 초대가수였습니다

우리가 찾아야 할 순수한 자아
— 생텍쥐페리, 『어린 왕자』

내가 처음 생텍쥐페리의 『어린 왕자』를 읽은 것은 대학 4학년 때였다. 당시 나는 군복무를 마치고 다시 복학하여 사법시험을 준비하고 있었다. 매일 반복되는 수험 생활의 단조로움과 권태 속에서 타성적인 나날을 보내고 있던 나에게 『어린 왕자』와의 만남은 커다란 감동이자 기쁨이었다. 대학 입학 후 '호박회'라는 독서 서클에 가입하여 매주 책을 읽고 토론하는 활동을 해왔는데, 복학 후 시험 준비 중에도 가끔 서클 후배들의 권유로 책을 읽고 토론에 참여하곤 했다.

그런데 별 생각없이 후배들의 권유로 읽게 된 『어린 왕자』가 큰 감동으로 내 가슴을 뜨겁게 흔들어 놓았다. 『어린 왕자』는 수험 생활로 메마르고 딱딱해진 나의 정서에 새로운 윤기를 더해 주었고, 삶의 의미가 무엇이고 삶의 가치를 어디에서 찾아야 할지를 되새겨 보는 계기도 만들어 주었다.

『어린 왕자』는 동화적인 소설이다. 그러면서도 시적인 서정성이 넘치고 균제된 압축미가 있다. 문장은 생동하는 리듬감으로 넘친다. 그 흐름의 곳곳에서 우리는 심오한 삶의 비밀과 접하게 된다. 시적 향기 속에 담긴 주옥 같은 인생의 예지, 참됨의 추구와 탐색의 아름다움, 길들임과 책임의 소중함 등 『어린 왕자』는 만날 때마다 나를 고무시키기에 부족함이 없었다.

사하라 사막에서 비행기 고장으로 불시착한 비행사는 죽느냐 사느냐의 극한 상황에서 어린 왕자를 만난다. 집 한 채보다도 클까 말까한 조그만 별나라에서 살던 어린 왕자가 철새들의 이동을 비행 수단으로 삼아, 주변의 여러 별들을 여행하다가 지구까지 내려와 비행사를 만나게 된 것이다. 그리고 비행사는 그 어린 왕자가 들려주는 여러 가지 추억담을 통해 삶의 새로운 진실에 접하게 된다.

어린 왕자는 아주 자그마한 별나라에 살고 있었다. 그 별에는 어린 왕자가 보살펴 온 장미꽃 한 송이와 세 개의 조그만 화산이 있을 뿐이다. 의자를 몇 발자국만 옮기면 계속 아름다운 낙조를 볼 수 있는 그런 작은 별이었다.

어느 날 어린 왕자는 자신이 물을 주고 벌레를 잡아 주고 고깔을 씌워 주던 장미를 뒤로 하고 무언가 새로운 것을 찾아보려고 그 별을 떠난다. 그래서 주변의 별을 여행하며 왕도 만나고 허영꾼도 만난다. 그리고 술꾼, 상인들을 만나고 마지막 지구로 내려와 여우를 만나 자신이 살아온 삶의 의미를 재해석할 지혜를 배우게 된다.

외로운 여행길에서 여우를 만난 어린 왕자는 자신은 외롭다고 하며 같이 놀 친구가 되어 줄 것을 간청한다. 그러나 여우는 어린 왕자가 길들인다는 것이 무엇이냐고 묻자, 길들인다는 것은 관계를 맺는 것이며, 관계를 맺기 위해서는 시간이 필요하다고 말한다.
"넌 아직까지 나에게는 다른 수많은 꼬마들과 똑같은 꼬마에 불과해. 그러니 나에게 네가 필요 없지. 물론 너에게도 내가 필요 없겠지. 네 입장에서는 내가 다른 수많은 여우와 똑같은 여우에 지나지 않을 테니까. 그러나 만일 네가 날 길들이면 우린 서로를 필요하게 돼. 나에게는 네가 세상에 하나밖에 없게 될 거구, 너에게는 내가 세상에 하나밖에 없게 될 거야. 내 생활은 단조로워. 난 병아릴 쫓고 사람들은 나를 쫓지. 병아리는 전부 비슷비슷하고 사람들도 전부 비슷비슷해. 그래서 약간 심심해. 하지만 네가 날 길들이면 내 생활은 환해질 거야. 다른 발자국 소리는 나를 땅 속으로 들어가게 하지만, 네 발자국 소리는 음악 소리처럼 나를 굴 밖으로 불러낼 거야. 그리고 저걸 봐! 저기 밀밭이 보이지? 난 빵을 먹지 않아. 나에겐 밀이 소용없는 거야. 밀밭을 봐도 난 떠오르는 게 없어. 그게 슬프단 말이야! 하지만 넌 금발이니까 네가 날 길들이면 기막힐 거야. 밀밭도 금빛이니 네 생각이 나게 할 거야. 그렇게 되면 밀밭을 지나가는 바람 소리를 좋아하게 될 거야."

여우가 말을 그치고 오랫동안 어린 왕자를 바라보다가 "제발 날 길들여다오"라고 말한다. 그러자 어린 왕자는 그렇게 하겠다고 하면서도 "하지만 시간이 많이 없는걸. 난 친구들을 찾아내야 하고, 알아야 할 일들이 있으니까"라고 망설인다.

그러자 여우는 "누구든지 자기가 길들인 것밖에 알 수가 없는 거야. 사람들은 이제 알 시간조차 갖고 있지 못해. 그들은 상점에서 다 만들어 놓은 것을 사니까. 하지만 친구를 파는 상점은 없으니까 사람들은 친구가 없지. 친구를 원하거든 나를 길들여!"라고 말한다.

그렇게 해서 여우와 어린 왕자는 서로 길들여진다.

떠날 시간이 다가왔을 때 여우가 울고 싶다고 하면서 다음과 같이 말한다.

"장미를 다시 찾아가 봐라. 그러면 네 꽃이 세상에 하나밖에 없다는 걸 알게 될 거야."

사실 어린 왕자는 지구에 와 여우를 만나기 전 장미꽃들이 가득 핀 정원을 본 일이 있었다. 그때 어린 왕자가 바라본 장미꽃들은 모두 별나라에 두고 온 자신의 장미꽃과 비슷했다. 어린 왕자는 자기가 아주 불행하게 생각되었다. 그의 장미꽃은 자기와 같은 종류의 꽃은 하나도 없다고 말했다. 그런데 그가 본 정원에는 아주 비슷한 장미꽃이 오천 송이나 있지 않은가 말이다! 그래서 어린 왕자는 풀밭에 엎드려 울었던 것이다.

그러나 이제 여우를 만나 길들임의 중요성을 알게 된 어린 왕자는 장미꽃들을 다시 보러 가 이렇게 말한다.

"너희들은 내 장미와 닮은 데가 없어. 너희들은 아직 아무것도 아니야. 아무도 너희들을 길들이지 않았고, 너희들도 길들인 사람이 없어. 너희들은 아름다워. 하지만 텅 비어 있어. 그러나 내 꽃은 너희들보다 중요해. 내가 물을 주고 고깔을 씌워 주고 병풍을 쳐서 보호해 준 것이니까. 벌레를 죽여 준 것도 나란 말이야. 난 원망하는 소리나 뽐내는 소리나, 때로는 아무 말도 하지 않은 것까지도 들어 주었으니까. 결국 내 꽃이니까 말이야."

왕자가 다시 여우에게 돌아가자 여우는 잘 가라고 작별 인사를 하며 다음과 같이 말한다.

"본질적인 것은 눈에 잘 보이지 않는다. 마음으로 보아야 잘 보인다. 네가 네 장미꽃에게 소비한 시간 때문에 네 장미가 그토록 중요하게 된 거야. 사람들은 이 소중한 걸 잊었어. 하지만 넌 잊으면 안 돼. 언제나 네가 길들인 것에 책임감을 느껴야 해. 넌 네 장미에 대해 책임감을 느껴야 해."

『어린 왕자』에 있어서 가장 중요한 주제는 '길들임'이다. 사실 우리에게 있어서 객관적인 세계는 얼어붙고 메마른 무의미한 존재다. 그 객관적인 세계가 우리와의 접촉을 통해서, 길들임을 통해서 우리의 삶 속으로 들어오고, 우리에게 의미 있는 우리의 일부가 된다. 사막이 아름다운 것은 우물이 있기 때문인 것처럼, 인생이 아름다운 것은 길들여져 얻어진 우정, 사랑 등이 있기 때문이다.

"꽃도 마찬가지야. 어떤 별에 있는 꽃을 사랑하게 되면, 밤에 하늘을 바라보는 게 참 아늑하지. 모든 별에 다 꽃이 피어 있으니까. 물도 마찬가지야. 아저씨가 마시라고 준 물은 도르래와 줄 때문에 음악 같았어. 기억나지!"

"아저씨가 밤에 하늘을 쳐다보면, 내가 그 별 중의 하나에서 살고 있고, 그 별 중의 하나에서 웃고 있으니까, 아저씨로서는 모든 별들이 웃고 있는 것 같을 거야. 아저씨는 웃을 줄 아는 별을 갖게 되는 거지."

길들인 것이 존재한다는 것, 그것이 얼마나 아름답고 넉넉한 삶의 모습들인가? 어린 왕자는 대상을 길들이기 위해서는 우선 마음을 비우는 자세가 필요하다고 말한다.

어린 왕자가 만난 왕은 권위로, 허영꾼은 숭배받고 싶다는 욕망으로, 술꾼은 망각에 대한 요구로, 상인은 부에 대한 갈구로 각각 타인과의 통로를 막는다. 그들의 삶은 그들이 설정한 목표로 경직되고 타인과의 통로를 스스로 폐쇄(閉鎖)시킨다. 그들은 타인과의 진정한 통로를 필요로 하지 않는다. 타인은 단지 그들의 목적을 달성하기 위한 수단에 불과하다. 그러나 길들임은 대상을 동등한 상대로 인정하고 서로 주고받는 나눔의 관계에서만 가능하다.

어린 왕자는 또한 길들이기 위해서는 관계를 맺어야 하는데, 관계를 맺기 위해서는 시간이 필요하다고 말한다. 그런데 사람들은 시간이 없다고 아우성이다. 친구를 파는 상점이 있으면 친구도 사겠다는 자세다. 시간을 내어 영속적인 것을 추구하기보다는 바쁘게 필요한 것을 구하고 필요성이 사라지면 미련 없이 버린다.

인스턴트 시대, 일회성의 시대, 버리는 시대에 살고 있는 것이다.

그들은 시간이 없다기보다도 무엇인가에 쫓기며 시간을 낭비하는 것이다. 어린 왕자가 만난 상인은 아무 필요도 없는 것을 소유하기 위하여 휴식의 시간도 없이 계산을 계속한다. 그러면서도 자신을 가장 성실한 사람으로 생각한다. 환하게 불을 켠 급행열차가 천둥 치는 소리를 내며 지나가는 것을 보고 어린 왕자가 묻는다.

"저 사람들 대단히 바쁘군. 뭘 찾는 게지?"

전철수가 대답한다.

"기관사 자신도 모른단다."

그리고 사람들은 시간에 쫓기기 때문에 그때그때 노력의 성과를 가시적으로 확인하려 든다. 따라서 그들은 모든 것을 숫자화하여 이해하려 든다. 그렇기 때문에 "가장 아름다운 것, 가장 중요한 것은 눈에 안 보이는 것이야"라는 어린 왕자의 말을 알아들을 수가 없는 것이다. 어른들은 숫자를 좋아하기 때문에 새 친구에 대해서 물을 때에도 본질적인 것에 대하여 묻는 법이 없다. "그 애 목소리는 어떠니? 그 앤 어떤 놀이를 좋아하니? 나비를 모으지는 않니?" 따위의 말을 하는 법이 없이, "그 앤 몇 살이니? 형제는 몇이고 몸무게는? 아버지의 수입은 얼마니?"라고 묻는다. 어른들은 "장밋빛 벽돌로 지은 예쁜 집을 봤어요. 창에는 제라늄이 있고, 지붕에는 비둘기가 있구요"라고 말하면 잘 알아듣지 못하고, "백만 프랑짜리 집을 봤어요"라고 말해야 "야, 참 좋구나"라고 소리친다는 것이다.

또한 어린 왕자는 길들인 것에 대한 책임을 강조한다. 길들이기 전의 객관적인 세계는 자기와 아무런 관계가 없는 무의미한 세계이다. 선택을 통해 자신의 삶의 반경으로 끌어들여 길들일 때만 자신의 삶의 일부분이 되어 빛나는 것이다. 그리고 그 길들인 것에 대해서는 책임감을 느끼고 헤어질 때는 슬픔의 눈물도 흘리게 되는 것이다.

어린 왕자가 뱀에 물려 죽음으로써 다시 자신의 별로 돌아가고자 한 것도 자신이 길들여 온 장미꽃을 돌보겠다는 책임감 때문이다. 생텍쥐페리는 더 나아가 인간을 아름답게 만드는 것은 책임감이라고 설파하고 있다.

그가 쓴 『야간비행』에 나오는 이야기이다.

비행사 기요메가 안데스 산맥에 불시착한다. 해발 5천 미터나 되는 눈보라의 악천후에서 살아서 귀환한다는 것은 상상하기조차 어려운 일이었다. 그러나 그는 생환해 오고, 어떻게 살아올 수 있었느냐는 기자들의 질문에 이렇게 답변한다.

"사실 어떤 때는 더 이상 고통을 느끼지 않고 편안히 잠들고 싶은 유혹을 느꼈다. 그러나 내가 돌아올지도 모른다고 생각하며 기다리고 있을 아내나 친구들을 생각하면 잠들 수가 없었다."

자신이 길들여 온 아내나 친구에 대한 책임이 편안한 잠보다는 고통의 탈출을 선택하게 했던 것이다.

10여 년 전의 일이다. 차 안에서 라디오 뉴스를 통해 한 여대생의 자살 소식을 들었다. 서울공대 1학년 여학생인데 유서에서 자신의 눈은 기증하고 자신은 화장하여 따뜻한 남쪽 바다에 뿌려 달라고 부탁했다는 것이다. 자살하면서까지 자신의 안구를 앞 못 보는 사람에게 기증하겠다는 착한 소녀, 죽어서라도 따뜻한 바다의 품에 안기고자 한 순결한 여학생을 자살로 이끈 것이 도대체 무엇일까. 실연의 아픔으로 목숨을 끊었을지도 모른다고 생각되자 안타깝고 서글픈 마음을 갖지 않을 수 없었다. 그러나 다음날 조간신문에 난 기사는 나를 실망시켰다. 그 여학생은 1학년을 마치고 다른 과로 전과(轉科)를 하려고 했다가 부모가 반대하자 순간적인 격정을 참지 못하고 자살을 했다는 것이다. 전과 문제가 그녀의 삶과도 바꿀 만한 가치 있는 것이었을까. 그녀에게 달리 길들여진 것이 있었다면 그녀가 자살을 선택했을까. 그녀에게 부모나 가족은 어떤 존재이며, 책임이란 어떤 의미를 지니는가.

요즈음도 젊은이들은 너무 쉽게 목숨을 끊는다. 그들에게는 길들여진 것이 없고, 모든 것이 일회적인 접촉을 통해 얻어진 것이기 때문에 허무의 세계로 쉽게 도피할 수 있었을 것이다.

우리는 『어린 왕자』가 동화라는 형식을 빌리고 주인공으로 어린 아이를 등장시킨 점을 주목해야 한다. 어린 왕자는 불교의 화엄경에 나오는 선재 동자와도 같다고 할까. 진리를 찾아 떠도는 선재의 순결한 구도의 길과 여러 소혹성과 지구를 오가며 삶의 진실을 체득하는 어린 왕자의 순례의 편력이 비슷해 보인다.

선재는 보리심을 일으켜 보살의 행을 구족하기 위하여 남인도 여행에 나서서 53인의 스승을 찾아다닌다. 그의 스승은 바라문, 노예, 장사꾼, 뱃사공, 소녀와 창녀, 신들까지 포함되어 있다. 어린 왕자도 새로운 것을 배우기 위해 여러 별을 돌며 왕, 허영꾼, 술꾼, 상인, 점등이, 여우 등을 만난다.

생텍쥐페리는 어른들을 신뢰하지 않는다. 어른들은 혼자서는 아무것도 이해하지 못한다고 말한다. 본질적인 것은 눈에 보이지 않는다. 마음으로, 그것도 어린 아이의 마음으로 보아야 한다는 것이다. 그러기 때문에 책머리 헌사에서도 "꼬마이었을 때의 레옹 베르뜨에게"라고 적고 있다.

화엄경의 세계도 이와 같다. "어린이의 세계는 현실의 세계와는 달리 거짓이 없다. 어린 아이인 선재는 나뭇잎새와도 말할 수 있다. 그러나 지순(至純)의 어린 아이가 아닌 현실이 나무와 말한다는 것은 거짓말이다."

어린 아이는 모든 것과 말할 수 있으며, 넋의 교제가 가능하며, 그들과 함께 슬퍼하고 함께 즐거워할 수 있는 것이다. 그러나 현실은 그런 동화의 깊은 세계를 잃어버리고 있다. 그것 없이는 얼마나 현실이 궁핍한가를 현실은 모르고 있다.

많은 고대의 현자들이 말해 준 신은 실제 그들이 어린 아이의 마음으로 돌아갔을 때 그들이 목격한 아주 커다란 태초의 현실이었다.

비행사가 만난 어린 왕자는 누구일까.

현실에 실존하는 인물인가? 그렇지는 않다. 오히려 어린 왕자는 어른이 어린이의 마음으로 사물을 대할 때 만날 수 있는 대상이다.

어린 왕자는 우리가 찾아야 할 순수한 자아일지도 모른다. 비행사가 죽음을 앞둔 극한 상황에서 찾게 된 선한 마음이라고 할까.

괴테는 "영원히 여성적인 것이 우리를 천국으로 이끈다"고 했는데 그 여성적인 것이 바로 어린 왕자가 아닐까. (1999. 1)

가십난의 허실

정치에 입문하기 전 신문을 펼쳐들 때 가장 즐겨 보는 난 중의 하나가 '가십난'이었다. 정치의 세세한 뒷모습을 볼 수 있는 재미 때문이기도 했지만, 더 큰 이유는 독재정치의 탄압 속에서 사실이 제대로 보도될 수 없을 때 가십난의 행간에 흐르는 분위기를 감지하고 세상 돌아가는 참모습을 가늠해 볼 수 있었기 때문이다.

그런데 이제 정치에 입문한 후 대변인이 된 다음에는 다른 의미에서 가십난을 가장 먼저 보게 된다.

가십난에 각 당의 기사가 어떻게 났는지, 특히 우리 당의 그날 활동상이 어떻게 비춰져 있는지가 중요하기 때문이다. 기사화하고 싶었던 것이 나지 않거나, 사실이 발표한 대로 나지 않았거나, 우리 당을 비난하는 기사 등이 실려 있는 때는 무척이나 기분이 언짢게 된다. 사실 가십난은 하루하루 대변인이 치른 시험의 채점표라 하겠다.

그런데 가십난은 기능적인 면보다 역기능적인 면이 더 많은 것 같다.

　우선 가십난은 정치적 사실을 왜곡시키는 경향이 있다. 객관적으로 사실을 보도하는 데 주안점이 있기보다는 정가의 낙수나 뒷소식을 알리는 데 주목적이 있기 때문에 사물의 본질보다는 부분적 현상이 기술되는 경우가 많다.

　따라서 독자는 장님 코끼리 만지는 격으로 사건의 일부분만 보고 전체를 평가하게 되는 경우도 많을 것이다. 심지어 정치인들간에는 가십난에 실리기 위해 사실을 과대포장하거나 파행적으로 재구성하기도 했다.

　또한 가십난은 정치를 흥미 본위로 만들어 정치의 품격 내지 질 자체를 저하시키는 측면이 있다. 흥미를 겨냥하다 보면 정치적으로 중요하지 않은 문제가 크게 부각되기도 하고 가십을 위한 가십기사까지 등장하기도 한다. 특히 가십난은 각 당의 기사를 일정량 실어야 한다는 산술적 균형주의 때문에 기사가 없는 당은 기사를 만들어 쓰는 경우까지 있다.

　그리고 가십난의 존재는 정파간의 반목, 이간 등을 조장하기도 한다. 정치인들 중에는 독자를 의식한 과잉 표현, 신경전 심지어는 흑백선전까지 동원 이른바 가십 플레이를 하는 경우도 있다.

　미국 등 구미 선진국의 경우 이미 옐로 저널리즘의 비판과 함께 흥미보다 사실 위주의 객관성, 공정성이 강조되어 가십형 기사보도는 없어진 지 오래다.

　과거 독재정권하에서 행간의 언어로 진실을 알렸던 가십난의 기능적인 면이 이제 언론자유의 회복과 함께 퇴조하게 되었다.

　독자를 끄는 흥미, 그 비판적 기능 등 가십난이 갖는 고유한 효용

성에도 불구하고 바른 정치 풍토를 이룩하기 위해 가십난은 없어져야 할 대상으로 생각된다. (1989.3)

정치인의 용기

요즈음 들어 미국의 정치가 다니엘 웨스터를 자주 생각하게 된다.

1850년 초의 미국은 연방이 붕괴될 위기 상황에 놓여 있었다. 그러한 상황이 계속되면 조만간 내란밖에 일어날 것이 없는 급박한 국면이었다. 이때 북부 매사추세츠 주 출신 상원의원 다니엘 웨스터는 자신의 평소 지론인 노예폐지론까지 일시 유보한 채, 남부 출신 헨리 클레이가 제안한 국가의 통일을 유지하는 대타협안을 받아들여 '자유와 연방은 지금도, 그리고 영원히 하나이며 떨어질 수 없다'고 외치며 연방의 기치하에 서로 양보하며 단결할 것을 호소했던 것이다. 그는 자신이 속한 북부가 주장하는 노예제 반대론보다는 우선 연방을 보존하는 것이 더 중요하다고 판단했던 것이다.

웨스터의 이러한 의회 연설은 북부의 노예폐지론자와 자유토지론자의 즉각적인 비난을 불러일으켰다. '이 사람보다 국가적 양식을 퇴폐케 한 자는 없다', '웨스터는 땅에 떨어진 별이다', '하늘에서 쫓겨난 천사와 같은 존재다', '이제까지 지켜 오던 대의명분을 내던진 사람이다', '남부 사람들의 환심을 사 대통령이 되고자 하는 탐욕스러운 동기를 드러낸 것이다', '가장 천하고 바보 같은 배반자다' 등 이루 말할 수 없는 비난을 그는 감내해야 했다.

그후 시간과 사건들은 그의 판단이 옳았음을 입증했다. 역사는 그의 행동을 분열과 내란을 극복하고 헌법과 연방을 수호한 참 용기의 표현으로 숭앙하고 있다. 그의 행동은 '국가의 안전과 평화를 위해 필요하며 본질적으로 옳다고 믿는 것을 행하는 도덕적 용기'의 표상으로 칭송받게 됐다. 실로 그는 연방을 위태롭게 하기보다는 차라리 자신의 생애와 명성을 위태롭게 했던 것이다.

그래서 역사는 '나 개인에게 무슨 일이 닥쳐오든 관계없이 나는 연방을 위할 것입니다. 지금과 같은 위기를 맞이하여 위대한 국가에 내려지는 재앙은 한 개인의 그것에 비할 바가 못 됩니다'고 한 그의 의회에서의 외침을 그의 영광스러운 묘비명에 기록하도록 허락했던 것이다.

지금 우리는 이 땅의 민주주의의 소중한 싹이 죽느냐 사느냐 하는 절체절명의 위기에 직면해 있다. 반민주적·반민중적·반통일적인 3당 야합으로 민주개혁은 중단된 채 민중생존권의 기초마저 위협당할 위기 상황에 처해 있다.

국민의 절대 다수는 거대 여당에 맞서 싸우는 유일한 길은 야권도 하나로 뭉쳐 통합하는 것이라면서, 야당의 무조건적인 통합을 요구하고 있다.

그런데 지금 통합을 위한 최대의 걸림돌로 통합 신당의 대표경선 때 투표권의 동등성을 어떻게 보장할 것인가가 문제되고 있다. 민주당(가칭)의 태도로 보아 그들이 투표권 동등보장 요구를 양보할 것 같지 않다. 이젠 민주당의 요구가 현실적으로 과도하냐 않느냐 하는 합리와 논리의 문제를 떠나서 이를 평민당이 받느냐 않느냐는 결단의 문제만 남아 있는 것이다. 바꿔 말하면 국민의 절대적 여망을 받아들여 대승적 차원에서 뼈를 깎는 아픔을 감내하며 양보를 하느냐, 아니면 현실적 기득권을 지키기 위해 통합이 안되어도 어쩔 수 없다는 입장을 계속 견지하느냐의 양자택일만 남아 있는 상황이다. 사실 50 대 50의 경선투표 동등권을 보장해 줄 경우 평민당측의 패배라는 이변이 생길 위험성도 전혀 없지는 않고, 경선투표권의 동등보장이 모든 지분권의 동등보장으로 이어져 원외 지구당 위원장들의 조직책 탈락 등 많은 후유증이 예상되기도 한다.

이러한 당내 형편을 잘 알면서도 민주당의 요구를 수용, 통합을 진전시키자는 주장을 펴는 데는 큰 고뇌와 용기를 필요로 한다.

아이를 칼로 베어 반쪽씩 가지라고 하자 아들을 살리기 위해 이를 거절하고 아들을 상대에게 주겠다고 나서는 솔로몬 왕의 우화에 나오는 진짜 어머니의 그런 심정으로, 통합이라는 아들을 살리기 위해 양보할 것인가의 어려운 문제에 우리 평민당은 지금 직면해 있다.

'정략가는 다음 선거를 위해 생각하고 정치가는 다음 세대를 위해 생각한다'는 말이 있다. 지금은 매사추세츠인이 되기보다는 미국인이 되고자 했던 웨스터 행동을 우리 모두가 다시 한번 생각해 보아야 할 때라고 생각한다. (1990. 5)

노무현 형에게

노형, 사직서를 제출했다는 충격적인 소식을 듣고 연락조차 제대로 취해 보지 못한 상태에서 벌써 열흘이 지났습니다. 얼마 동안 건강을 위해 휴식을 취하고 싶다고 했다는데, 그 동안 휴식이나 제대로 취할 수 있었는지 의문입니다.

신문을 통해 노형을 아끼는 많은 사람들로부터 국회로 다시 돌아가야 한다는 간절한 바람을 전해듣고 또다시 고뇌와 불면의 밤을 맞고 있지 않나 걱정되기 때문입니다.

처음 노형이 사직서를 제출했다는 소식을 들었을 때 믿어지지 않아, 필경 와전된 헛소문일 것이라고 생각했습니다. 전날 밤 국회노동위에서 노형이 '나는 더 이상 이런 자리에서 이런 식의 말을 않겠다'고 말하며 정부당국의 무성의한 답변에 극도로 분노했던 때에도 형의 결단을 전혀 감지하지 못했습니다. 극히 형식적이고 무성의한 답변의 반복이 분노를 넘어서서 종국에는 자조적인 무력감을 토로하게 만든다는 것을 나 또한 너무나 많이 경험했기 때문입니다. 그런데 사직서 제출이 분명한 사실로 확인됐을 때 나는 정말 큰 충격을 받았습니다. 얼마나 고뇌와 번민이 컸으면 그런 결단을 내렸을까 생각하니 노형의 그 처절한 고뇌를 함께 나누지 못한 나의 무신경, 무관심이 큰 자책감으로 나를 압박해 왔습니다.

대변인이라는 당직을 맡아 동분서주하다 보니 충분히 시간을 내어 서로의 깊은 심경을 토로할 기회도 갖지 못했던 것 같습니다. 함께 노동위에 소속되어 있으면서도 일을 위해서조차 충분한 협의를 못할 정도였습니다. 그래도 소속된 정당을 초월해 서로 호흡을 맞춰 공동의 노력을 기울일 수 있었던 것은 서로에 대한 인간적 신뢰, 애정 때문이었다고 생각됩니다.

노형, 우리는 누구보다도 많은 공통점을 갖고 의정활동을 시작했습니다. 우리는 둘 다 짧은 판사 생활을 보낸 후, 소외당한 노동자들을 위해 일하겠다고 다짐하며 변호사로서의 첫걸음을 내디뎠습니다. 노형은 부산에서, 나는 서울에서 각기 노동법률 상담소를 개설하고 노동자들의 권익 보호를 위해 일해 왔습니다. 그리고 6월 민주항쟁 때에는 변호사로서의 신분적 한계를 극복하고 민주화운동에 동참하고자 국민운동본부 상임집행위원으로 함께 일하기도 했습니다.

그후 우리는 대우조선소 노사분규시 거제 옥포에서 다시 해후하여 서로를 동지로서 확인하는 기쁨을 갖게 되었습니다. 내가 민권위원장 자격으로 故 이석규 군의 사망에 대한 진상조사를 위해 내려갔을 때 노형이 작업복 차림으로 분노한 노동자들 앞에 서서 연설하고 있던 그 모습은 지금도 눈에 선합니다. 그 가혹했던 옥포의 여름, 우리는 땀에 절은 내의조차 제대로 갈아입지 못하고 이 군 죽음의 진상을 밝히고 유족에게 보상금이라도 받게 해주기 위해, 또 악화일로로 치닫는 노사분규의 해결을 위해 함께 뛰어다녀야 했습니다. 지금도 잊혀지지 않는 추억으로 남아 있는 것은 그 급박하고 살벌한 상황 속에서도 우리가 『조선일보』이석주 기자와 함께 여름밤의 해풍을 즐기며 인생과 사회를 논했던 기억들입니다. 그 밤은 마치 페스트가 창궐하여 죽음이 온 시가지를 엄습하고 있는 가운데서도 의사, 신문기자와 타루우, 이 세 사람이 죽음과 책임을 논하던 A. 카뮈의 『페스트』에 나오는 그 북아프리카의 여름밤과도 같이 지금도 내 가슴에 남아 있습니다.

우리는 둘 다 그 사건으로 인해 노동쟁의조정법 위반으로 구속되었고, 그런 경험을 통해 노동자들을 위해 일한다는 것이 얼마나 어려운 일인가도 몸소 체험하게 되었습니다.

그리고 우리는 정치를 더 이상 기성 정치인에게 맡길 수 없다는 심정에서 제도권 정치에 뛰어들게 되었습니다. 서로의 입장 때문에 당은 달리하게 되었으나 이 땅의 많은 노동자들의 기대를 받으며 의정 생활을 시작하게 되었다고 생각합니다. 대변인이라는 바쁜 직무 때문에 나를 찾는 노동자들에게 충분한 배려를 할 수 없을 땐 사전 양해도 없이 노형에게 찾아가 보라고 말할 수 있었던 것도 우리 두 사람 사이의 각별한 우정과 신뢰 때문이라고 믿습니다. 우리는 국회노동위에서도 이해찬 의원과 함께 '노동위 3총사'라는 칭호를 받으며 서로 유기적인 협력하에 일할 수 있었습니다.

노형, 노형은 그 동안 정말 많은 일을 했습니다. 지난 5공특위 청문회에서 노형이 보여주었던 그 차분하고도 예리한 질문 솜씨는 온 국민을 매료시키기에 충분했습니다. 청문회 수준을 올려놓은 공의 상당 부분은 노형에게 있다고 생각합니다.

어디 그뿐입니까. 노동자를 비롯한 소외당한 기층민중을 위한 노형의 국회활동은 타성적인 의회정치에 신선한 활력을 주기에 충분했습니다. 아무도 손대고 싶지 않은 부산항운노조의 비리조사에 앞장서 나섰던 용기, 현대중공업 노사분규의 타결을 위해 건강까지 해쳐 가며 동분서주하던 끈질긴 투혼 등은 노형만이 가질 수 있는 덕목인지도 모릅니다. 그러기에 노동위원회 동료의원들은 당을 떠나 노형에게 깊은 신뢰와 존경을 보내며 떠남에 대한 아쉬움을 느끼고 있는지 모릅니다.

노형의 지적대로 현정권은 국회와의 약속을 번번이 위반하였고, 오히려 감정적으로 국회의 지적에 역행하는 행위를 연출하여 뒤통수를 치기도 했습니다. 파업 109일 만에 공권력에 의한 강제진압이라는 비극적 사태를 몰고온 현대중공업 노사분규가 그 대표적인 예라 하겠습니다. 테러 사건 진상조사차 울산에 간 국회조사반에게 울산시장은 '분쟁해결을 위해 파업지도부측이 임시총회소집 지명권자신청을 해오면 3일 이내에 소집권자를 지명해 주겠다'고 약속했습니다. 그래서 우리는 파업노동자를 설득해 소집권자 지명신청을 내도록 했습니다. 그런데 울산시장은 어떻게 행동했습니까? 국회와의 약속을 헌신짝처럼 팽개치고 말도 안되는 이유를 붙여 소집권자 지명을 미루더니 결국은 공권력을 투입, 노동자를 짓밟은 사태를 몰고 왔습니다.

이것이 바로 '정부가 법을 지키지 않는데 국회가 무슨 소용이 있고 국회의원이 무엇을 할 수 있겠는가'라는 노형의 절규를 낳게 한 상황입니다. 이것은 또한 노형으로 하여금 대중투쟁에의 동참을 선언토록 한 저간의 배경이기도 합니다. 나 또한 노형의 고뇌에 깊은 공감을 갖고 있습니다. 그러기에 노형의 사퇴서 제출은 내게 큰 충격이자 자성의 계기가 되었습니다. 노형이 국회의 무력과 한계에 대해 실망하고 노동자들을 위해 제대로 일해 오지 못했다는 자책감과 고뇌로 가슴 아파할 때 나는 무엇을 하고 있었는지 생각해 보지 않을 수 없었습니다. 대변인이라는 직책에 안주하여 타성적인 나날을 보내지 않았나 반성해 봅니다.

노형, 일부에서는 의원직 사퇴와 관련, 노형이 의회주의 자체를 부인하는 이른바 체제저항적 과격세력이 아닌가 의심하는 사람도 있습니다. 그들은 노형이 의회주의 자체에 대해 한계를 느끼고 의회주의를 포기, 대중투쟁으로 나아가려 하는 것으로 보고자 합니다. 그러나 노형은 결코 의회주의 '자체'에 대한 한계가 아닌 의회주의의 '현실'에 대한 실망과 한계이고, 노형이 포기하고자 하는 것은 의회주의 '자체'가 아니라 행정부의 시녀, 거수기로 전락한 무력한 '현재의 의회'라고 생각합니다. 한마디로 말해서 노형의 의원직 사퇴는 의회의 권위와 그 본질적 기능을 되찾기 위한 몸부림이지 의회주의 '자체'의 포기는 아니라고 생각합니다.

우리는 재야에서 민주화운동을 펴나가다가 재도권 정치에 의미를 부여하고 참여한 이른바 '재야입당파'에 속합니다. 의회민주주의의 유용성을 긍정하고 의회제도의 틀 속에서 대화와 타협을 통해 소외계층의 짓밟힌 권리를 찾아주기 위해 제도권 정치에 뛰어들었습니다. 처음부터 제도권 정치의 한계, 의회주의의 한계를 승인하고 참여하였습니다. 따라서 우리는 의회주의의 한계 속에서 그 한계에 충실함으로써 그 한계를 뛰어넘어야 한다고 생각합니다. 노형의 그 끈질긴 투혼으로 참고 견디며 그 한계를, 그 실망을 극복해나가야 한다고 생각합니다. 최선을 추구하면서도 차선을 수용하는 정신, 절대가 아닌 상대를 추구하는 '정오의 정신'이 바로 우리의 가슴을 지배해야 한다고 믿습니다.

　노형, 13대 국회에는 비록 소수이기는 하나 노동운동, 농민운동, 민권운동의 기수 내지 대변인들이 들어왔습니다. 과거 보수 정치풍토에서는 상상도 하기 힘든 변화입니다. 한마디로 개혁주의내 진보주의 세력이 의회 교두보를 확보했습니다. 이 교두보를 통해 개혁세력은 의회에 서서히 뿌리를 내리고 종국에는 보수와 개혁의 양당체제로 우리 정치를 발전시켜 나가야 한다고 생각합니다.
　노형, 지금의 노동 현실은 어떠합니까. 아직껏 노사간의 대등성, 자율성은 확보되지 못했고, 정권과 재벌의 야합에 의한 노동자들에 대한 탄압은 지금도 계속되고 있습니다. 따라서 우리는 제한된 한계 속에서나마 공권력의 남용을 최대로 억제 방지하고, 노동자들의 권익 신장을 위한 법적 제도적 장치 마련을 위해 혼신의 노력을 경주해야 할 것입니다.

　우리가 노동자들에게 봉사, 헌신하는 길은 국회의 활용공간을 최대한 넓혀 정치권에 그들의 요구와 목소리를 반영시키는 것이라 믿습니다. 노형, 노형이 온몸으로 사랑하고 가장 소중히 여기는 노동자들의 진정한 바람은 노형이 온갖 고통을 감내하면서라도 국회에서 자신들에게 헌신하고, 그들의 입과 손발이 되어 주는 것입니다. 노동자들은 국회가 결코 모든 문제를 해결하는 만능의 공간이 아니라는 것을 잘 알지만 그렇다고 무용지물이라 단정하지도 않으며 때에 따라서는 퍽 유용하고 든든할 수도 있는 곳이라고 믿기 때문에 의회의 무기력함을 비판하면서도 기대에 찬 시선을 거두지 않고 있습니다.

노형, 이 글을 쓰고 있는 내 책상 위에는 지금 몇 가지의 신문이 놓여 있습니다. 노형이 국회로 돌아와야 된다는 따스한 권고가 담긴 신문의 사설이 눈에 뜨입니다. 전민련을 비롯한 재야의 사퇴반려 촉구성명과 각계각층의 국민들이 보낸 투고도 있군요. 우리 정치사에서 국민과 언론들이 정치인에 대해 이렇게 따뜻한 애정과 관심을 보여준 적은 별로 없을 것입니다. 그런 의미에서 노형은 행복한 정치인인지도 모릅니다.

노형, 노형은 어떤 때는 '아스팔트 위의 변호사'이기를 마지않았고, 의회를 들어와서도 '노동투쟁현장의 국회의원'이었듯이. 의회를 떠나 대중투쟁의 대열에 서더라도 훌륭한 싸움꾼으로, 탁월한 지도자로서 큰 역할을 하리라 믿습니다. 그러나 노형, 현정권이 공권력으로 국민을 협박하고 의회를 무시하고 감히 민주주의에 도전해 오는 이때 국회에서도 노형과 같은 탁월한 싸움꾼이 필요합니다. 내가 최근에 만난 노동자, 노동운동가들도 한결같이 노형이 그 일을 맡아 주기를 바라고 있었습니다. 노동투쟁에 동참하다 구속되더라도 국회의원으로서 하라는 것이고, 그것이 현정권이 가장 두려워하는 일이라는 겁니다.

　노형, 괴테는 『파우스트』에서 '인간은 노력하는 한 방황한다'고 말했습니다. 현실에 안주하지 않고 참되게, 성실하게 살려는 자에게는 언제나 방황과 좌절이 따르게 마련입니다.

　노형, 우리는 어떠한 방황과 좌절 속에서도 국회라는 현장을 지키며 시지프스적 투혼을 발휘해야 할 것입니다.　　　(1989. 4)

주부의 표를 휩쓴 대발이 아빠

흔히 현대를 TV 시대라고 부른다. 대통령 선거전도 주로 TV를 통해 전개될 것 같다. TV에 어떻게 비춰지느냐가 선거의 당락을 좌우할 것이라고 한다.

시간 쾌락의 포로가 되어 있는 이미지 문명시대에서는 보기에 좋고 잘 비춰지면 최고가 된다. 사고를 통해 사물의 본질에 접하기보다는 눈에 비춰지는 이미지로 사물을 판단하게 된다.

사실 나처럼 TV의 위력을 실감한 사람도 별로 없을 것이다. 14대 국회의원 선거 때 나를 강타해 낙선의 구렁텅이로 쓰러뜨린 돌풍이 바로 TV 연속극이었기 때문이다. 당시 '대발이 아빠'로 불렸던 상대 후보는 〈사랑이 뭐길래〉라는 연속극을 통해 투표 전날까지도 집집 안방 깊숙이까지 드나들며 주부들의 표를 휩쓸어 갔다. 그런데도 나는 13대 의정 활동을 잘한 베스트 10에 들어 있으니까, 야권통합운동을 펴 소신과 용기도 보였으니까, 20년 지역 숙원사업인 용마산 채석장도 재판까지 걸어 없앴으니까 등등의 이유로 주민들이 계속 지지해 주겠지 생각하고 지역을 돌며 나의 활동상을 알리는 목가적 선거운동 방법에 자족하고 있었다.

 주변에서 TV 연속극의 위력을 걱정하면서 불공정선거운동으로 시비를 걸으라고 조언하는 사람들도 있었으나, 나는 그냥 참고 견디었다. 방송 사상 최고의 인기를 구가하는 TV 프로를 시비를 걸어 중단시킬 경우 그 연속극에 맛들어 있는 주부들로부터 엄청난 비난이 쏟아져 오히려 선거에 역반응을 초래할 것을 우려한 바도 있었지만, 위력이 세면 얼마나 셀 것인가 하는 안일한 판단에서 문제를 제기하는 것을 주저하고 있었다. 그러는 사이에 TV의 위력은 현실로 나타났다.

 나를 놀라게 한 일이 투표 며칠을 앞두고 점심을 먹기 위해 어느 식당에 들어갔을 때 일어났다. 5, 6세로 보이는 식당집 꼬마애가 뭔가 명함을 손에 들고 놀고 있기에 무심코 바라보았더니 '대발이, 대발이' 하면서 대발이 아빠인 상대 후보의 명함을 흔들고 있는 것이었다. 식당 주인도 민망했던지 꼬마애를 얼른 밖으로 내보냈지만 나는 순간 쇠망치로 한 대 얻어맞는 기분이었다. 신라〈서동요〉에 나오는 장면을 보는 듯한 충격이었다. 백제 서동이 신라의 선화공주를 얻기 위해 아이들에게 노래를 지어 주어 부르게 한 것처럼 TV 연속극이 상대 후보를 당선시키기 위해 동네 아이들에게〈대발이 노래〉를 가르쳐 주고 부르게 한 것처럼 느껴졌다.

 또 한번 놀란 것은 투표일 며칠 앞두고 유세 대결을 벌일 때였다. 당일 공교롭게도 우리측은 김대중 총재를, 상대측은 김영삼 대표를 모시게 되었는데 2층 선거사무실에서 차도를 내려다보니 주부들이 애들 손목을 잡고 수없이 상대후보 연설회장 쪽으로 가고 있었다. 나중에 확인한 것이지만 상대측 연설회장은 선거운동을 돕기 위해 온 '대발이 가족'을 보기 위한 주부와 애들의 인파로 북새통을 이뤘다고 한다. 심지어 우리측 선거운동원들이 뒤늦게 연설회장에 나타나 왜 늦었냐고 물었더니 상대측 연설회장에 사람들이 얼마나 모였는가를 보고 오느라고 늦었다고 변명했지만, 실은 그 선거운동원도 대발이가 보고 싶어 상대 연설회장을 다녀왔음이 판명되었다.

이런 TV 열풍을 이겨낼 수 있다고 자신한 것부터가 오산이었다. 15대 선거전에서도 상대 후보가 같은 작가의 도움을 받아 연속극을 만들어 또 회심의 일전을 준비하고 있다는 정보를 입수, 초기에 승부를 결정짓겠다는 자세로 외국 입법례까지 연구, 후보는 투표일 3개월 전부터는 연속극에 나올 수 없도록 방송심의위원회 규정을 개정토록 했다. 상대 후보는 다행히 입후보를 포기하는 바람에 예정된 연속극에 나오게 되었는데 그 연속극이 바로 유명한 〈목욕탕집 남자들〉로 15대 선거운동 기간 내내 방영되었다. 만일 방송심의위원회 규정을 못 고치고 다시 상대 후보가 14대 때와 똑같이 선거운동 기간 내내 TV를 통해 안방을 헤집고 다녔더라면 선거 결과가 어떠했을까 하고 생각하면 등골에서 식은땀이 배어 나올 지경이다.

흔히 TV는 이성적인 매체가 아니고 감성적인 매체라고 한다. TV를 통해 감성적으로 느껴지는 이미지가 사물을 판단하는 수단으로 기능할 때 오는 위험성을 걱정하지 않을 수 없다. 더욱이 투표 행위 자체도 이성적인 행위라기보다는 감성적인 행위라고 일컬어지고 있기 때문에 양 요인이 상승작용을 할 경우 투표에 있어서의 이성적인 판단은 기대하기 어려워 보인다. 그 결과 그럴듯하게 말을 잘하고 연기력이 좋으면 인기 있는 후보로 여겨지고, 그것이 바로 투표로 이어질 가능성이 높아졌다.

이제 '어떤 말'을 하느냐가 중요한 것이 아니라 '어떤 사람'이 그 말을 하느냐가 중요하다는 고전적인 진리도 발붙일 곳을 잃게 되었다.

민주주의가 여러 가지 제도적 한계에도 불구하고 이제까지 인류가 창안해낸 최고의 제도라고 얘기되는 것처럼, TV 선거전이 많은 문제점에도 불구하고 현재로서는 유권자가 가장 쉽고 세밀하게 후보를 관찰할 수 있는 수단이라고 말해지고 있다. 이런 주장에 반박할 논리를 찾기는 어렵지만 TV 선거전이 너무 후보의 외양적 이미지로 결판나는 것을 막기 위해 여러 가지 합리적인 제어장치가 마련되어야 하겠다. (1997. 7)

낙선 소회 (所懷)

지난 국회의원 선거운동 기간 중의 일이다. 핵심 선거운동원 한 사람이 나에게 쪽지를 보내왔다. 그 쪽지에는 남편이 공무원이나 계모임을 많이 하고 있어 아주 발이 넓고 활동적인 부인이 있는데 얼마 전 딸이 대학입학시험에 합격하였으니 합격을 축하하는 전화를 걸면 크게 도와줄 것이라는 내용이 담겨 있었다. 그 운동원의 말대로 내가 그 부인에게 전화를 했더니 그 부인은 아주 반갑게 전화를 받으면서 기꺼이 도와주겠다고 약속했다. 그런데 나는 그 부인이 보탠 마지막 말에 적지않은 충격을 받았다. 그 부인은 "우리 아빠는 공무원이어서 과거에는 여당을 지지했어요. 그런데 일 년 전 모친상을 입었을 때 의원님은 우리 집을 다녀갔는데 여당 후보는 찾아오지 않았어요. 그때부터 아빠는 의원님을 지지하게 되었어요"라고 말했다.

소중하다는 유권자의 한 표가 문상을 갔느냐 안 갔느냐라는 사소한 일상적인 일로 결정된다고 생각하니 충격과 함께 걱정이 앞섰다. 나는 선거운동시 '13대 국회의원 중 의정활동을 가장 잘한 국회의원 10명에 제가 들어가 있습니다. 저는 지역발전을 위해 이러이러한 큰일을 해냈습니다' 라고 주로 내가 4년간 한 일을 알리며 한 표를 호소해 왔다. 그런데 그 부인의 말을 들었을 때 그와 같은 호소가 득표에 어느 정도 보탬이 될 것인가 하는 근본적인 회의감이 생겼다.

사실 선거운동 기간 내내 느꼈던 것이지만 주민들은 내가 의정활동을 어떻게 해왔는지, 우리 정치가 앞으로 어떻게 나아가야 할지, 통일과 민주화는 어떤 방향으로 진척되어야 하는가 등에는 별로 관심을 갖지 않은 것 같았다. 사랑방 좌담회식의 의정보고회를 열어 정치, 경제 등 국가 장래와 직결된 큰 현안에 대해 얘기해도 별달리 흥미를 갖지 않았다. 오히려 마을순환버스 신설, 재개발 추진 등 주민들과 직접적인 이해관계를 갖는 문제를 언급하면 큰 관심과 함께 자신들의 의견도 활발하게 개진하였다. '도시가스는 언제까지 들어오느냐', '오물 수거가 잘 안 된다' 등 구행정에 대한 시정을 요구하며 그런 문제에 적극적인 관심을 갖고 대처해 줄 것을 촉구했다. 이런 주민들의 심정을 잘 읽은 여당 후보는 오로지 낙후된 지역발전을 위해 출마했다고 공언하면서 선거공약의 대부분을 지역에 관한 것으로 채웠다.

나는 '국회란 법을 만들고, 정부가 그 법을 잘 지키는가를 감시하며, 국가예산을 심의·확정짓는 일을 하는 곳입니다. 여당 후보가 내건 공약은 전부 구의원, 시의원이 할 일들입니다' 라고 말하며, '지역문제해결에 앞서 큰 정치를 바로잡는 데 최선을 다하겠습니다' 라는 주장을 펴야 한다고 생각하면서도, 주민들의 정서나 역반

응을 두려워하여 그와 같은 말을 하지 못했다. 오히려 나도 지역을 위해 이런 큰일을 했고, 앞으로도 이러이러한 일을 해내겠다고 말하며 지역문제를 더 강조하는 입장을 취하지 않을 수 없었다.

선거운동 기간 중 어느 신문사설이 '국회의원 선거가 지방의원선거로 축소되어 가는 느낌이다. 선거 이슈가 너무 지역적이고 지엽적인 것으로 흘러가고 있다'고 개탄한 바 있는데 나 또한 시류나 주변정서에 영합하여 함께 흘러갔던 것 같다.

정치가 국민에게 실망과 불신만을 심어 주어 정치 냉소주의가 판을 치는 분위기 속에서 국민들이 큰 정치적 비전을 제시해도 식상해할 뿐, 오히려 목전의 자기 이해와 관련된 문제들에 관심을 갖는 것은 당연한 귀결인지도 모른다.

이러한 분위기 속에서는 사소한 자신의 이해, 평소의 친소관계, 심지어 한번의 다정한 악수, TV에서의 매력적인 모습들이 투표권의 행방을 결정하는 데 더 큰 변수가 될 것이다.

이런 냉소적인 정치 분위기를 만들어낸 정치인의 한 사람으로서 책임도 문제 되지만 탈정치화 무드와 함께 이런 현상들이 계속 이어진다고 볼 때, 이에 어떻게 대응하는 것이 좋을지, 곤혹스러운 문제가 아닐 수 없다.

국회의원에 확실히 당선되기 위해서는 국회에서 의정활동을 열심히 하는 것보다 지역을 끊임없이 다니며 주민들과 깊은 친교를 맺는 것이 더 중요한 오늘의 세태를 어떻게 받아들여야 할지……. 물론 국회의원은 국민의 참소리에 귀기울여야 하는데 이를 위해 전 국민을 대면할 수 없으므로 자기 지역구 주민들과의 대화를 통해 간접적으로나마 국민 전체의 여론을 수렴하는 자세를 취하는 것이 필요하다고 생각된다. 그러나 그 이상의 접촉을 요구하는 분위기, 심지어 국회활동을 제쳐놓고 지역주민의 대소사에 참석해야 하는 분위기에도 당선을 위해 따라가야 할지 의문이다.

'정치가는 다음 세대를 생각하고, 정략가는 다음 선거를 생각한다'는 말이 있지만, 이 말이 현실 정치인에게 지켜지기가 얼마나 어려운지를 이번 선거를 통해 되뇌어 보지 않을 수 없었다.

(1992. 5)

1996년, 정치인의 만추 감회

만추의 오후, 의원회관 창 너머로 노랗게 물든 은행잎을 바라보면서 문득 '춘녀(春女)는 사(思)하고, 추사(秋士)는 비(悲)하다'는 옛말을 생각해 본다.

봄이 되면 여자는 생각이 많아지고 가을에는 선비의 마음이 슬퍼진다는 뜻이다. 자신의 큰 뜻을 펴보지 못한 채 또다시 한 해를 보내면서 느끼는 인생의 속절없는 무상성이 선비의 마음을 슬프게 하는 것일까.

4년간의 공백을 딛고 다시 국회로 들어와 지난 6개월간 바쁜 나날을 보내고서도 가슴속에 남는 허전함은 메울 길이 없다.

흔히 정치는 실천이라고 말한다. 그리고 이 실천을 추진하는 힘은 권력욕인데, 그 권력욕이 높은 뜻과 깊은 철학에 뿌리내리고 있어야 한다고 한다. 그렇지 않을 때 그 욕망은 하나의 생물학적 욕망에 지나지 않는다는 것이다.

여기서 높은 뜻은 민족과 조국의 내일을 걱정하는 마음이요, 깊은 철학은 오늘의 현실을 분석하고 투시하는 힘이 될 것이다.

정치판이 꽉 막혀 있는 듯한 답답함 속에서 찾아낸 출구가 무엇이었던가. 국정감사나 상임위 활동을 잘해 개인적 능력이나 과시하고 신문에 이름이라도 자주 오르내리는 것이 최선이었던가. 민족통일, 경제 선진국에의 진입 등 조국의 미래를 좌우할 중차대한 전환기에 미력하나마 어떤 힘을 보태려고 노력했던가.

일본의 개항기에 우국의 뜻을 품은 각 번(藩)의 무사들은 개인적인 이해나 지역적인 한계를 뛰어넘어 막부를 토벌하고 개항의 횃불을 들자고 모여들었다. 소아를 버리고 대의를 위해 앞장서 뭉친 선각적인 이들 무사가 오늘의 일본을 만들었던 것이다.

지금 우리 사회에도 각 분야에 경륜과 포부를 지닌 훌륭한 인재들이 즐비해 있다.

문제는 이들의 힘을 한데 모아 민족 발전의 충전로에 담을 수 있는 방법을 찾는 일이다. 이들의 힘을 한데 모을 공동의 이념, 공동의 실천 방법을 찾을 수 없는 것일까.

뿔뿔이 흩어져 개인적인 성장만을 위해 달려갈 때, 우리가 도달할 목적지는 어디일까.

정치를 하겠다고 다시 국회에 들어온 지금, 정치가로서 높은 뜻과 깊은 철학을 키우기 위해 얼마나 노력해 왔는지, 만추의 낙엽을 바라보며 다시 한번 자신을 돌이켜본다. (1996. 11)

이 땅의 사람 값과 사람 대접

국내 굴지의 고속버스 회사 사장이 모 지방법원 부장판사들을 초대한 자리에서, 휴일이 되어 서울집에 올라가야 하는 판사들은 고속버스를 타지 말고 안전한 기차를 이용하라고 권하자, 한 부장판사가 사고가 나면 지불해야 할 배상금이 걱정되어 그러시느냐고 말을 받아, 좌중이 웃음바다가 된 일이 있었다. 부장판사들은 비교적 소득이 높아 버스에 몇 사람만 탔다가 사고가 나도 배상해야 할 손해액이 엄청나게 많아져 회사가 기우뚱거릴 가능성이 있기 때문이었을 것이다.

교통사고나 업무상 재해를 입어 사망하거나 불구의 몸이 되었을 경우, 피해자는 가해자측에 손해배상을 청구하게 된다. 그런데 사람에 대하여는 교환가치를 측정할 수가 없기 때문에 물적 손해의 경우처럼 직접적인 방법으로 손해액을 설정할 수는 없다. 그래서 고안해낸 것이 사고로 말미암아 일할 수 없게 되어 잃게 된 장래의 기대수입을 손해본 것으로 간주하여 보상을 해주는 방법이다.

종교적인 입장을 떠나서라도 사람의 생명과 신체를 금전적인 평가의 대상으로 환원하여 교환한다는 것은 좀 비인간적인 처사로 보일 수도 있을 것이다. 그러나 이러한 방법은 오랜 역사를 통해 제도화되어 온 역사적 산물이다. '눈에는 눈'이라는 탈리오의 법칙이 지배하던 고대에는 복수가 피해자의 보상을 위한 원칙적인 방법이었다. 이 복수제도는 로마법이나 게르만 법제하에 이르러 벌금제도로 변모하였다. 그러나 로마법의 초기 단계만 하더라도 벌금제도는 당사자의 화해를 전제로 한 것으로, 피해자측이 화해에 응하지 않고 복수를 하겠다고 하면 어쩔 수가 없었다. 피해자의 자유에 맡겨졌던 벌금제도가 강제된 것은 12동판법 때부터이다.

고대 게르만 법제하에서는 개인적 침해에 대한 조직적 복수가 용인되었다. 따라서 자기의 부모나 형제, 자식이 살해될 경우에는 가해자의 부모나 형제, 자식에게 복수하는 이른바 '피의 복수'를 하게 되었다. 이 끝없이 반복되는 '피의 복수'는 화해로만 매듭지워질 수 있었는데, 이때 속죄금이 지급되었다. 18세기 말 이후 근대 법제하에 이르러서야 형사책임과 민사책임이 완전 분화되어, 사람의 생명이나 신체에 위해를 가하면 형사적으로는 형벌을 받게 되고, 그리고 민사적으로는 금전적 손해배상을 하게 되기에 이르렀다.

사람은 죽어서까지 평등하지가 않아

사고로 사람이 사망하거나 불구가 된 경우 손해배상액을 정하는 방법은 대충 다음과 같다. 예컨대 나이가 서른 살인 회사원이 길을 건너다가 택시에 치여 사망했다고 하자. 그의 사망 당시의 월 수입이 30만 원이고, 아내 등 가족이 세 명 딸려 있었다면 다음과 같은 계산이 나온다.

  첫째, 사망으로 인해 더 이상 일할 수 없게 되어 잃게 된 장래의 수입을 손해로 계산하게 된다. 망인의 회사 정년이 55세라면, 앞으로 25년간 매월 최소한 30만 원씩 벌 수 있을 것이다. 그런데 망인은 죽음으로 인하여 그가 죽지 않았다면 지불했을 생계비를 지불하지 않게 되었으므로 이를 공제하게 되는데, 보통 생계비는 수입의 3분의 1로 보기 때문에 결국 망인이 사고로 잃게 된 손해는 월 20만 원이 되는 셈이며, 그 기대수입 상실총액은 20만 원에다 300개월을 곱해서 6,000만 원이 된다. 그러나 앞으로 월차적으로 지급받을 수입을 사고 당시를 기준으로 일시에 지급받게 되기 때문에 중간이자를 공제하게 되는데, 이른바 호프만식 계산이라는 것이 이것을 말한다. 따라서 중간이자까지 공제하면, 그가 입은 순 기대수입 상실손해는 20만 원에다 194.3457(300개월의 호프만 수치)을 곱해서 약 3,900만 원으로 줄게 된다.

  둘째로 치료비 및 장례비를 지급받게 된다. 사망의 경우에는 치료비가 별로 많지 않을 것이나 부상을 당한 경우에는 치료비가 오히려 위의 기대수입 상실손해금을 웃도는 경우도 있다. 장례비는 가정의례준칙 등을 고려하여, 실제 지출된 비용 중에서 상당한 금액만을 인정 받게 되는데, 보통 200만 원을 넘는 경우가 드물다.

  셋째로 정신적 손해 즉 위자료를 받게 되는데, 사망한 본인뿐만 아니라 아내와 가족들도 받게 되며, 보통 본인이 200여만 원, 가족들이 100만 원 내지 50만 원 정도의 소액을 받고 있다.

  그리고 위 망인에게 사고발생에 대한 과실이 있을 경우에는 과실상계라고 하여, 그의 과실비율에 따른 금액을 공제하게 된다. 따라서 그의 과실이 50퍼센트라면 손해배상액은 절반으로 주는 셈이 된다.

　이상에서 보는 바와 같이 인사사고의 경우, 손해배상금 중에는 사고로 잃게 되는 기대수입 상실손해금이 대부분을 차지하고 있으며, 그 손해액을 결정짓는 데에는 사고 당시의 수입, 사고 후 일할 수 있는 기간이 중요한 역할을 함을 알 수 있다.

　사고 당시의 수입은 천차만별이다. 월 100만 원 이상의 고액 소득자가 있는가 하면, 월 10만 원 정도의 근로자도 있다. 따라서 사고 당시의 소득을 기초로 손해 배상금을 산정할 것 같으면 사람의 생명이나 신체에도 귀천이 있는 셈이 된다. 게르만 법제하에서도 속죄금은 범인과 피해자의 신분 등을 고려하여 결정되었다. 인간은 평등하게 태어나지도 않았을 뿐더러, 죽어서도 평등하지가 않은 셈이 된다.

　세익스피어 작품 『베니스의 상인』에 나오는 안토니오의 몸값을 보자. 고리대금업자 샤일록은 2천 더커트를 받지 않는 대신 안토니오의 살 1파운드를 요구한다. 베니스 법정은 꼭 살 1파운드만 떼내야 하고 피는 한 방울도 흘려서는 안된다고 명령한다. 살을 떼내면 피가 흐르는 것은 당연한 이치이다. 상식에도 어긋나는 교묘한 법해석을 하여 샤일록을 궁지로 몰아넣은 셈이다.

　베니스 법정이 이와 같은 고육지계적인 해석을 내린 것은 안토니오의 살 1파운드에 중요한 가치를 부여했기 때문이다. 베니스의 상류 사회의 대표격인 안토니오의 살 1파운드를 이방인적인 유태인으로부터 보호하기 위한 궁여지책이다. 그 1파운드의 가치에 대한 높은 평가 때문에 샤일록의 인권은, 법으로부터의 보호는 깡그리무시된 셈이다. 만일 안토니오가 아닌 베니스의 한 평민 또는 노예가 그와 같은 지경에 처해 있었으면, 베니스의 법정이 그와 같은 판결을 했을 리가 없다. 오히려 '법 정의의 실현'이라는 숭고한 이름으로 샤일록에게 집행을 허용했을 것이다. 약간 자의적인 풍자가 되고 말았지만 사람의 몸값에 차이가 있는 것은 고금을 통해 엄연한 사실이다.

구체적 타당성을 결여한 법원의 판결

본래 사람의 생명이나 신체에는 귀천의 구별이 없다고 한다. 그러나 배상액 산정방법이 재산의 이익을 중심으로 하기 때문에 부자에게는 유리하고, 가난한 자에게는 불리하게 되는 불합리한 개인차를 생기게 한다. 필경 인간의 보호가 아니라 재산의 보호가 될 뿐이며, 이러한 경향은 인간 평등, 개인의 존중이라는 근대법의 기본 정신에도 배치된다.

따라서 손해배상액을 정형화해야 한다는 움직임이 대두되고 있다. 그들은 생명이나 신체가 침해를 받았을 경우, 재산적, 정신적인 손해를 모두 종합하여 하나의 비재산적 손해로 보아 이에 대한 적절한 배상액을 전체로서 유형적으로 파악해야 한다고 주장한다.

사고 당시 피해자의 수입을 기초로 하여 손해배상을 산정하는 경우에는 개선되어야 할 여러 가지 문제가 있다.

우선 사고 당시의 수입에 관한 법원의 경직된 태도가 문제된다. 예를 들어 20세의 프레스공이 월 15만 원의 임금을 받으며 일하다가 사고를 당했다고 하자. 건설물가표가 숙련된 프레스공의 월 임금이 20만 원으로 나와 있더라도 이 프레스공은 55세까지 사고 당시의 월 급료 15만 원을 배상액산정의 기초로 인정받게 될 뿐이다. 보통 5년간 일하면 숙련공이 되므로, 20세부터 25세까지는 월 15만 원씩, 26세부터 55세까지는 숙련공 임금인 월 20만 원씩을 기초로 손해액을 산정해야 한다고 주장해도 받아들여지지가 않는다. 더욱이 억울한 것은 숙련공임에도 불구하고 공장 형편 등 특수한 사정 때문에 급료 수준이 낮은 경우도 영락없이 미숙련공으로 취급받게 되어 급료는 그 수준에서 결정된다는 것이다. 이 경우 프레스공이 도시 일반노동자로 전업할 수가 있다고 해서 남자 도시일반노동자의 월 노임 18만 원 정도까지는 수입의 변경을 인정한다.

이러한 경직된 입장은 승급의 경우에서도 발견된다. 봉급이 올라가는 것이 교육공무원의 보수 규정상 명백하다는 이유로 고등법원에서 초등학교 교원의 경우 승급을 고려해 넣고 손해액을 계산했으나, 대법원은 증거 부족으로 이를 인정치 않았다. 군인에 관해서도 반드시 일정한 기간이 지난다고 승급, 승진한다고 볼 수 없다고 판단하였다. 대법원이 수입 증가의 가능성이 객관적으로 확실시되는 경우에만 그 증가를 인정한다는 원칙을 세워 놓고, 이를 엄격히 적용하는 바람에, 구체적 타당성을 결여한 판결이 자주 나오는 것이다. 최근에 와서는 이 원칙이 점차 완화되어, 지방 의과대학 4학년생이 사고를 당한 경우 의과대학을 졸업하면 의사로서 수입을 얻을 수 있을 것이라고 인정하였다.

손해배상에도 남녀차별이 있다니!

다음으로 연소자, 가정주부, 무직자 등의 수입이 문제 된다. 연소자 또는 무직자의 경우는 사고 당시 아무런 수입이 없었더라도 적어도 도시 내지 농촌노동자로서의 월 수입 정도는 얻을 수 있는 것으로 보아, 그들의 수입을 도시 내지 농촌노동자의 수입에 의거하여 계산한다. 물론 잠시 전업을 위해 직장을 쉬고 있는 자는 사고 전의 수입을 입증하여 그 수입을 사고 당시의 수입으로 인정 받을 수도 있다. 최근 연소자의 경우에도 성년이 되면 근로자 임금 정도의 수입만을 얻을 수 있는 것이라고 일률적으로 단정해서는 안된다고 하여, 연소자의 가정환경 등을 고려한 후 향후 고등학교를 졸업하고, 고등학교 졸업자 정도의 수입은 얻을 수 있는 것으로 의제한 하급심 판결이 있다.

가정주부 및 미혼녀의 경우, 가장 형편없는 대우를 받고 있다. 기혼녀의 취업률, 취업의 가능성이 남자 연소자 및 무직자보다 낮기 때문에 오는 현상인지는 모르나, 특별한 사정이 없으면 대개의 경우 도시 또는 농촌 여자근로자들의 월 임금을 수입으로 인정해 왔다.

최근 무역회사 영업부 외무사원으로 근무하던 24세의 미혼여성 이모 양이 교통사고를 당하여 가해 차주를 상대로 손해배상을 청구한 사건에 있어서, 법원은 미혼여성인 그녀가 결혼 적령기인 26세가 되면 회사를 퇴직하고 가사노동에 종사하는 것으로 보아야 한다는 판결을 내렸다가 여러 여성단체들로부터 호된 비난을 받은 것도 이 문제와 관계가 있다. 이모 양은 사고로 더 이상 회사를 다닐 수 없게 되었으니 회사퇴직연령인 55세까지 회사원으로서의 봉급 상당의 손해를 입었다고 주장하였으나, 재판부는 24세부터 25세까지만 회사원으로서의 수입을 인정하고, 결혼 적령기인 26세부터는 결혼하고 회사를 퇴직한 후 가사노동에 종사할 것이라고 보아 도시 여자근로자의 수입 상당만을 인정하였다.

그런데 문제의 도시 여자근로자의 월 수입이라는 것이 10만 원 밖에 안 되어 가정부 월급보다도 적다. 여성단체는 이 판결이 결혼 하면 퇴직한다는 결혼 정년제의 부활을 용인하고 있는 것이 아니냐고 따지고 들었으나, 이 판결이 미혼여성 일반에 대하여 결혼 정년제를 전제로 하고 내려진 판결은 아닌 것 같다. 이모 양이 모 상고를 졸업하고, 회사에서 서류 접수 업무 등 비교적 단순 업무에 종사하였고, 이 양이 다니던 회사에는 결혼 후 계속 회사를 나오는 여성이 없었던 점 등을 고려하여, 구체적인 이 양의 경우에 한정지어 인정된 판결인 것 같다.

그러나 이 판결에서 우리는 법원의 편의주의적이고 경직된 자세를 충분히 감지할 수 있다. 한마디로 말하여 특별한 사정에 대한 별다른 입증이 없을 경우 '그렇다면 가사노동에 종사하는 것으로 볼 수밖에 없다'는 전가 보도를 너무 쉽게 휘두른 감이 있다는 비난은 모면하기 어려울 것이다. 노동부나 상공회의소가 발행한 연령별, 학력별 임금표를 기초로 보다 구체적이며 타당한 수입을 산출하려는 노력을 아끼지 말았어야 할 것이다. 오늘날 기혼 여성근로자가 늘어나는 현실을 고려할 때 대학을 나오고, 사회적인 경험과 지적 소양을 갖춘 가정주부에게는 그 신분에 맞는 수입의 산정이 이루어져야겠다.

대재벌 총수가 사고를 당했다고 하자, 그의 수입은 어떻게 산정될까? 일반적으로 사업가의 소득 중에는 사업가 자신의 개인적인 사업 능력에 의한 수입 이외의 기본적 기여도에 의한 수입도 포함되어 있기 때문에 그의 월 수입을 계산하는 데는 자본에 의한 기여도는 공제되어야 한다. 그런데 그 계산이 어렵기 때문에 보통 사용되는 방법 가운데 하나가, 그와 같은 정도의 사업 능력을 가진 사람을 대신 고용했을 경우의 대체비용을 그의 월수입으로 의제하는 것이다. 따라서 사고를 당한 재벌 총수와 같은 능력자를 대신 영입했을 경우의 월 비용이 그 총수입의 월 손해로 추정될 것이다.

사고를 당한 자가 위법한 방법으로 수입을 얻고 있었을 때 그 수입이 인정되느냐 하는 것도 문제가 된다. 우리 판례는 매춘행위에 의한 수입, 무면허 측량사의 수입, 무면허 이발사의 수입 등을 전부 부인하였다. 그러나 한편 무면허 전공의 경우에는 수입을 인정하였다. 매춘행위, 무면허 의료행위 등 반사회적, 반윤리적 색채가 농후한 수입은 인정치 않더라도, 단순한 단속법규 위반의 경우에는 수입을 인정해야 할 것이다.

사고 당시의 수입도 문제지만 사고 후 얼마까지 일할 수 있느냐 하는 이른바 가동년한의 문제도 중요하다.

평균 수명이 늘어나고 있고, 취업 정년이 높아지고 있는 현실적인 추세를 외면하고 법원은 도시 및 농촌노동, 일반기능직 등의 가동년한을 55세까지로 인정하고 있다. 예컨대 건강한 여자라고 하면서 60세까지 가정부로 종사하는 것이 가능하다고 주장해도, 증거 부족을 이유로 받아 주지 않고 55세까지만 인정해 준다.

그러나 피해자의 노동 소송을 위임받은 변호사들은 55세를 넘어야 할 벽으로 삼고 있다. 한국 마라톤에서만 넘어야 할 벽이 있는 것이 아니라, 변호사들에게도 넘어야 할 벽이 있는 셈이다. 그러나 특수한 경우에는 인정을 달리하고 있는바, 외과의사의 가동년한을 65세까지로, 건설회사의 기술상무는 60세까지로, 속칭 '가오마담'

은 50세를 마칠 때까지로 인정하였다.

따라서 55세가 넘어서면 특별한 경우가 아닌 한 위자료나 현실적인 치료비 이외에는 손해를 배상받을 수 없게 된다. 늙으면 서러운 일이 많다는 말이 여기에서도 실증된 셈이다. 그러므로 노인들은 교통사고를 당해 오랫동안 고생한 경우에도 손해배상을 못 받아 곤욕을 치르는 경우가 많다. 그 까닭은 피해자측에서는 기대수입 상실로 인한 손해는 받을 수 없으므로 위자료라도 많이 받으려고 하고, 차주측에서는 피해자가 얼마 안 되는 손해배상을 받고자 배보다 배꼽이 더 큰 변호사 비용까지 들여 가면서 소송제기를 하지는 못할 것이라는 약점을 알고 위자료를 적게 주려고 하기 때문이다. 따라서 교통사고 손해금 합의 중에서도 노인의 경우가 가장 힘들다고 한다.

손해배상액을 결정할 때에는 하나의 무서운 복병이 따를 수가 있다. 피해자가 사망하지는 않았으나 상처가 심하여 평생 치료를 받아야 하는 경우, 더 나아가서는 평생 보호자의 도움이 필요한 경우가 그것이다. 보호자가 필요한 경우, 그 비용을 법률적으로 개호비라고 하는데 죽을 때까지 성인 여자 또는 남자 1인의 보호가 필요하므로 가해자측에서는 그 고용비용을 부담해야 되기 때문이다. 그러기 때문에 '사고를 낼 바에는 사망을 시키라'는 끔찍하고 비인간적인 망언이 생겨난 것이다.

피해자에게 덮어씌우는 온갖술책

법원이 위자료를 산정할 적에 인색함을 보이는 것도 문제가 아닐 수 없다. '국가배상법시행령'에 규정된 위자료 액수만 보아도 많아야 150만 원이고 적게는 20만 원이다. 외국의 경우 수억의 위자료가 인정되고 있는 것을 생각하면, 부자 나라에 태어나지 못한 것이 원망스러울 수도 있을 것이다. 물론 민사 손해배상제도의 목적이 피해자가 받은 손해배상의 부족분을 메워 주는 데 있고, 이 경우 가해자의 재력도 고려해 넣지 않을 수 없다 하더라도, 우리 나라의 경우 위자료가 너무 적다는 것은 부인할 수 없는 사실이다.

생명이나 신체의 가치가 상대적으로 낮게 평가받게 되는 것은 위자료에서만 생기는 문제는 아니다. 속된 표현이나 '죽더라도 자리를 가려서 죽어라' 하는 말이 있다. 종합보험에 가입되지도 않고 차주나 운전사가 재력이 없는 경우에는, 완전히 몸값이 무값이 되는 경우가 있다. 치료비조차도 못 받는 경우가 있기 때문이다.

더욱 가증스러운 일은 차주가 사람을 치어 놓고도 손해배상 책임을 모면하려고 재산을 빼돌리는 행위를 자행하는 경우가 있다는 것이다. 따라서 재력이 있거나, 인격적인 가해자를 만나야 그나마의 가치라도 인정 받을 수 있는 것이다.

요즘도 가끔 있는 일이나, 군소 도시의 운수회사 등은 보험료 지출을 꺼려 해서 종합보험에는 가입하지 않고 있다가 사고가 나면 사고 발생 책임을 피해자에게 덮어씌우려고 갖은 술책을 다해 사건을 조작하려 든다. 경우에 따라서는 이러한 술책에 말려 엉뚱하게 사고 책임을 뒤집어쓰고, 원통해 하며 방황하는 억울한 넋이 있을 것이다.

산재사건을 맡아 소송을 수행하며 느끼는 일이지만, 사람들이 아무리 이기적인 동물이라고 하더라도 이럴 수 있느냐 하는 인간적인 회의가 들 때가 많다. 이른바 국내 정상의 대기업들이 회사를 위해 일하다가 다친 자기 직원들에게 배상금을 지불하지 않으려고 사건의 진상을 왜곡되게 조작하려 들기 일쑤다. 회사 공사장에서 사고가 난 경우 모든 증인이 회사 직원이기 때문에 회사에서 증인만 통제하면 사고 경위를 입증할 길이 없게 된다. 산재보상 신청을 위한 사고 보고서라는 것도 사실과 다르게 회사측에 유리하게 작성되는 것이 일반적인 현상이다.

이제까지만 해도 산업 전우로서 고락을 같이해 온 동료가 법정에서 회사를 위해 눈 하나 깜짝하지 않고 위증을 하는 것을 보면, 인간성 자체에 대한 깊은 회의마저 든다. 아무리 회사에 몸을 담고 있다 할지라도 사람이 저럴 수가 있을까 하는 의심을 떨쳐 버릴 수 없기 때문이다.

생명이나 신체의 가치는 엉뚱한 소송 브로커 때문에 떨어지는 경우도 있다. 앞에서 그 보기를 들었듯이 손해배상 청구소송은 손해액 청구를 위해 복잡한 계산을 해야 하기 때문에 당사자 본인이 소송을 수행하기가 사실상 불가능하다. 그렇다고 해서 소송을 수행할 재력이 충분히 있는 것도 아니기 때문에, 착수금을 주지 않고 그냥 소송을 대리하게 하는 대신, 나중 승소하여 받게 되는 배상금의 일부를 사례금으로 주는 방법으로 소송을 맡기는 경우가 많다. 이 경우 브로커들이 작용하여 소송액의 30~40퍼센트를 지불하는 사태가 발생한다.

한마디로, 자기 몸값의 30~40퍼센트를 지불한다는 말이다. 15퍼센트 정도만 주어도 충분할 것을 30퍼센트를 지불한다면 그것 자체가 자기 몸값의 할인이며, 사실상 사고를 당해서 손해, 배상을 받으면서 손해라는 이중적 손해를 보게 되는 것이다. 따라서 브로

커의 농간을 피하고 변호사를 제대로 만나는 것이 몸값을 올리는 한 방법이라고 하겠다.

인간의 모든 가치는 똑같다

사람의 생명과 신체의 가치는 피해자 스스로의 경솔한 행위 때문에 떨어지는 경우도 있다. 사고가 발생하면 차주나 회사측으로부터 집요한 합의 공세가 들어온다. 처음 피해 결과를 대수롭지 않게 생각하거나, 우선 치료라도 받아야겠다는 절박한 현실 때문에 가해자측과 불리하게 합의해 버리는 경우가 많다. 합의 내용이 심히 불공정한 경우, 법원은 착오이론에 따라 또는 후유증에 관해 합의가 없었던 것으로 보아 합의를 무효화시킨다. 그러나 합의가 무효가 안되면, 피해자는 합의서에 나타난 적은 금액으로 자신의 신체적 손해를 평가받는 불이익을 감소해야 하는 것이다.

손해배상청구권은 시간의 경과와 관계없이 무제한으로 청구할 수 있는 것이 아니다. 우리 민법에는 침해 행위가 있는 날로부터 10년, 손해 및 가해자를 안 날로부터 3년 안에 청구하도록 되어 있다. 그리고 어느 차에 다쳤다는 것을 알면 손해 및 가해자를 알고 있는 것으로 본다. 따라서 멋 모르고 사고 후 3년을 보내 청구권 자체마저 박탈당하는 경우도 있다.

소련의 무르만스크 부근에서 대한항공기가 피격되어 탑승객이 사망한 사건을 기억할 것이다. 유족이 대한항공측과 합의를 시도하며 시간을 보내다가 사고일로부터 3년이 가까운 날 소송을 제기했다. 유족들은 아직 3년이 되지 않았으니 청구권은 남아 있다고 굳게 믿었던 것이다. 그러나 한창 소송 수행 중에 대한항공으로부터 뜻밖의 공격이 들어왔다. 외국에서 항공기 사고가 발생할 경우, 국제항공협정에 따라 손해배상청구권의 시효가 2년이라는 주장이 그것이다. 결국 유족의 손해배상청구권이 부인되어 유족측이 패소하였다. 대한항공을 탓하기 전에 법의 비정한 단면을 엿보는 듯한 사건이지만, 피해자는 이러한 점까지도 세심한 주의를 다하지 않으면, 자신의 신체에 대한 가치가 영으로 떨어지는 비극을 맛보게 된다.

까뮈는 「페스트」에서 '인간의 모든 가치는 등가치이다'고 주장했다. 모든 사물에는 고유한 주관적 가치가 있고, 가치는 균등하다는 뜻일 게다. 사실 각 개인의 입장에서 보면 그 자신의 생명이나 신체보다 더 가치 있는 것이 존재하지 않는다고 주장될 수도 있을 것이다.

그러나 언제부터인가 사람의 생명이나 신체마저도 객관적인 가치 평가의 대상이 되고 말았다. 그리고 그 평가의 기준은 그의 주관적 가치 기준을 넘어서서, 사회적 신분, 현실적 수입 등 비본래적인 외적 요소로 대체되기에 이르렀다. 물론 이것은 손해배상의 산정이라는 제한된 범위내에서 이루어지는 일이지만, 어쨌든 우리는 이곳에서도 인간 소외의 씁쓸한 한 단면을 엿보게 되는 것이다.

(1985. 6)

서울시가 벌인 땅장사

그동안 신문보도 등을 통해 목동 신시가지 건설계획에 적지않은 문제점이 있다는 것은 알고 있었다. 그러나 막상 목동 개발지역 주민들로부터 서울시를 상대로 제기할 공사 중지 및 손해배상 청구사건을 수임하고, 구체적으로 그들이 처한 실상을 알게 되었을 때 받은 충격은 대단히 컸다. 한마디로 누구를 위하여 무엇 때문에 그와 같은 무리한 개발계획이 강행되어야 했는지부터가 의문이었다.

"목동 신시가지 건설은 서울시가 땅장사를 목적으로 선량한 토지소유자들의 사유지를 엄청나게 싼값으로 매수하기 위해 벌인 속임수에 불과해요"라는 주민들의 주장을 누구도 지나치다고 하여 쉽게 일축해 버리기가 어려울 것 같았다.

처음 시민들은 서울시가 서민의 주택난 해결을 위해 목동의 사유지를 매수하여 이른바 공영개발 방식으로 서민용 임대 아파트를 지어 무주택 서민들에게 공급하겠다고 했을 때 이제야 서민을 위한 주택 정책이 마련되는구나 하고 기대에 부풀었다. 그러나 정작 건립되는 아파트는 대부분 27평형에서 50평형의 고급 아파트였고, 그것도 채권입찰제 방식의 적용으로 투기가 부채질되어 평당 130여만 원에 분양되었다.

서민의 주택난 해소를 위해 대단위 주택단지의 건설이 필요했다 치더라도, 굳이 서울시가 직접 나서서 주민들의 토지를 토지수용이라는 가장 강력한 방법으로 취득하여 개발사업을 벌일 필요가 있었는지부터가 의문이었다. 일반적으로 도시지역의 개발은 도시재개발법 또는 토지구획정리 사업법에 따라 도시재개발사업, 토지구획정리사업 등의 방법으로 행해진다. 그리고 위와 같은 방법에 의할 경우 재개발되거나 구획정리된 토지는 종래의 소유자가 그대로 갖게 된다. 단지 개발공사비 부담, 공공건물의 부지 확보 등의 필요 때문에 감보율이 적용되어 종래 소유했던 토지의 면적이 약간 줄어들 뿐이다. 그래도 토지 소유자들은 자신들 토지의 이용도가 높아지는 등, 개발 이익을 받게 되기 때문에 별다른 불평을 하지 않게 된다.

그러나 서울시가 목동지역에서 행한 것처럼 택지개발촉진법에 의해 택지를 개발하는 경우에는 종전의 토지 소유자는 토지 소유권을 완전히 잃게 되고 개발 이익으로부터 배제될 뿐만 아니라 적정한 보상금을 지급받지 못하게 될 우려가 생기기 때문에 갈등이 일어나게 된다. 따라서 종래 소유자로부터 토지를 강제 취득하는 형식의 택지개발사업은 이용도가 아주 낮은 토지를 특별히 택지로 개발할 필요성이 있을 때만 적절한 보상 계획을 전제로 제한적으로 행해져야 한다.

목동 개발지역은 이미 건설부 장관에 의해 도시재개발지역, 또는 토지구획정리 사업지역으로 지정된 곳이다. 그래서 주민들은 조만간 도시재개발사업이나 토지구획정리사업이 시행되면 자신들이 개발 이익을 받게 될 것으로 기대하고 있었다. 그런데 서울시가 서민의 주택난 해소라는 기치를 내걸고 마구잡이로 토지수용이라는 칼을 뽑는 바람에 그들은 땅을 고스란히 내놓아야만 했다. 엄연히 도시재개발지역 또는 토지구획정리 사업지역으로 지정된 곳을 다시 택지개발 예정지역으로 중복 지정한 것도 문제이거니와, 국민의 재산권을 강제 취득하는 토지수용이 너무나도 쉽게 행해진다는 것은 더 큰 문제로 보인다.

"우리가 내놓은 땅에 서민들 전체를 위한 시설물이 들어선다면 참을 수도 있겠어요. 그렇지만 서울시가 우리 땅을 빼앗아 부동산 업자처럼 아파트를 짓고 땅장사를 하려 드는데 어떻게 땅을 내놓을 수가 있겠어요"라는 주민들의 원성을 서울시도 쉽게 달래기가 힘들 것 같았다.

더 큰 문제는 쉽사리 토지를 수용했다는 점보다도, 그 보상가가 너무나도 저렴했다는 점에 있었다. 목동 개발지역 주민들은 그들의 토지가 최소한 평당 100만 원은 나간다고 주장했다. 그런데도 서울시가 지급하겠다는 보상금은 평당 7~8만 원밖에 안 되었다. 서울시는 목동지역 땅을 이와 같이 헐값으로 매수하여 아파트를 지은 후 평당 130여만 원에 팔았을 뿐더러, 어떤 주민의 땅은 전신전화국 부지로 평당 250여만 원에 되팔았다고 한다.

"서울시 교육위원회가 1981년 이 지역 땅을 학교 부지로 매수하면서도 평당 25만 원씩을 주었어요. 그런데 4년이 지난 현재 교육

위원회가 지불한 금액의 3분의 1도 안 되는 보상금을 지급하겠다고 합니다. 해도 너무하는 짓이 아닙니까"라고 말하며 주민들은 나에게까지도 그들의 억울함을 호소해 왔다.

실제로 서울시는 위와 같이 싼값으로 토지를 수용하여 다시 아파트를 지어 팔거나 다른 용도지역으로 토지를 매각함으로서 2000여 억 원의 순수익을 올릴 수 있게 되었다고 한다. 그렇기 때문에 신문도 "서울시가 올림픽을 앞두고 한꺼번에 벌이는 각종 사업에 한없이 모자라는 돈을 만들기 위해 사업을 시작한 것 같다"고 보도할 정도였다.

나에게 소송을 맡긴 주민들 대부분은 전란 후 월남한 피난민들로서 그 동안 갖은 고생을 다해 가며 그들 토지를 장만했다고 한다. "월남 후 한평생 고생해서 남은 것은 이 땅뿐인데, 하루 아침에 빤히 눈을 뜬 채로 이 땅을 7~8만 원에 강탈당했다고 생각해 보세요. 변호사님이라고 눈이 뒤집히지 않겠습니까. 그렇다고 항의하니 유언비어를 유포했다고 해서 구류를 살래요. 평생 살면서 이토록 억울하고 원통한 일을 당해 본 적이 없어요"라고 한 주민은 울먹였다.

또한 나를 아연케 만든 것은 서울시가 아무런 법적 근거도 없이 주민들의 땅을 불도저로 밀어붙여 그 위에 아파트를 지었다는 사실이었다. 택지개발촉진법에 의해 토지수용을 할 경우에도 토지소유자와 협의를 거치고, 그 협의가 이루어지지 않은 경우 중앙토지수용위원회에 재결 신청을 하여, 재결을 받은 후 보상금을 공탁해야 한다. 즉 서울시가 최종적으로 보상금을 공탁해야만 수용할 토지는 서울시의 소유가 된다.

그런데 서울시는 목동 개발지역이 택지개발 예정지구로 지정되자 위와 같은 절차를 거치지도 않고, 주민들로 하여금 토지를 사용치 못하게 하고 아파트 건축 공사를 시작했으며, 심지어는 그 토지의 일부를 남에게 고가로 팔기까지 했다. 누구보다도 법에 따른 수용 절차를 잘 아는 서울시가 어떻게 그와 같은 위법행위를 범할 수 있었는지, 아무리 생각해도 납득이 가지 않았다. 단순히 공익을 빙자한 횡포라고 보기에는 너무나도 어처구니없는 처사였다.

법원은 이 문제에 관하여 공정한 처리를 했는지 의심스러웠다. 목동 주민들은 서울시가 불법으로 공사를 하고 있다는 것을 뒤늦게 알아내고 공사중지가처분을 신청했다. 서울시에 토지 소유권이 없으므로 가처분 신청은 당연히 무조건적으로 인정되어야 하는데도, 법원의 가처분 결정은 조건부로 서울시가 재결을 받아 공탁금을 낼 때까지만 공사를 중지하라는 것이었다. 그리고 법원의 일시적인 공사중지가처분 결정에도 불구하고 불법 공사는 계속 강행되었다.

나를 찾는 목동 주민들은 지금까지 세상을 살아가면서 이토록 억울하고 원통한 일을 당해 본 일이 없다고 한결같이 아우성이었다. 목동지구를 찾아갔을 때, 아파트 벽에 붙여진 벽보는 그들의 심정을 단적으로 드러내고 있었다. '피땀 흘려 마련한 내 땅 눈뜨고 빼앗길 수 없다.' 심지어는 '목동 엄마들이 미쳤다. 왜 미쳤나'라는 벽보도 보였다. 서울시의 어처구니없는 처사에 목동의 어머니들은 정신이 돌아 버렸다는 뜻인 것 같았다.

공사가 진행되어 감에 따라 서민들을 위해 임대 아파트를 짓겠다는 처음의 이상은 건설사업에서 이익을 남겨야 한다는 현실적인 문제 때문에 계속 퇴색되어진 것 같다. 앞으로 이대로 간다면 잠실 영동의 재판이 될 것이다. 정부는 없는 자를 위한 배려에도 힘써야겠지만, 성실하게 노력하여 조그마한 재산을 모은 사람들의 보호에도 힘써야 하겠다. '무자식 상팔자'라는 말이 있지만 '무소유자 상팔자'라는 말이 목동 개발 사건에는 딱 어울릴 것 같다. 땅이 없는 자가 오히려 마음이 편할 것이기 때문이다. (1986. 8)

사회안전법이라는 괴물

재판 없이 9년간 계속 감옥 생활

체포 당시 23세였던 한 젊은 법학도가 국가보안법 위반으로 7년형을 선고받아 복역을 마치고서도 전향을 거부한다는 이유로 재판도 받지 않은 채 다시 9년간의 감옥 생활을 계속하게 되어 이제 39세의 장년이 되어 버린 사건이 있다.

인간의 존엄과 가치가 최고의 이상으로 존중되고, 내심을 고백토록 강요당하지 않을 양심의 자유가 보장되어 있으며, 법관에 의한 재판을 받을 권리가 헌법적으로 담보되어 있는 민주사회에서 어떻게 그런 일이 일어날 수가 있겠느냐고 의문을 제기할 사람도 있을 것이다. 그러나 그것은 실제 이 땅에서 현재 행해지고 있는 엄연한 사실인바, 재일교포 3세로 서울대 법대 재학시 체포되었던 서준식 씨가 그 장본인이다.

그는 형기를 마치고도 형기 도중 소급적으로 제정된 사회안전법 상의 보안감호처분을 받게 되어 감금 생활을 계속하게 되었다. 그리고 4차례에 걸쳐 보안감호처분 갱신결정을 받게 되어 이제 내년 5월이 되면 만 10년의 감호 생활을 하게 되며, 전향을 거부하는 한 또다시 감호처분이 갱신되어 계속 감금 생활을 하게 될 것이 명백하다. 그는 이렇게 절규한다.

나는 한낱 '처분대상'이 아닌 한 사람의 '인간'이다. 웃음이 있고 눈물이 있고, 사랑도 미움도 호기심도 있는 연약한 사람이다. 조르주 루오의 그림과 윌리엄 블레이크의 시를 사랑하고 바흐와 베토벤의 음악을 듣고 싶어 삭막한 감방살이를 증오하고 서러워하는 한 사람의 인간이다. 그런데 비정한 관료체제는 내가 알 수 없는 때에, 내가 알 수 없는 방법으로 나의 동태를 조사하여 보고서를 작성한다. 나는 그것을 볼 수 없기 때문에 그 보고서에 내가 어떻게 표현되어 있는지도 모르고, 따라서 그것을 시인할 수도, 거부할 수도, 반대 신문할 수도 없다. 나도 모르는 사이에 그 보고서는 관료체제를 거슬러 올라가 보안처분심의위원회에 도달된다. 심의위원들은 내가 어떻게 생긴 인간인지를 알기를 원하지 않는다. 그들은 거의 뻔한 내용인 '동태보고서'를 건성건성 훑어보고는(이것도 의심스럽다) 그것을 테이블 위에 올려놓고, 아마도 그날 점심식사를 어느 식당에 가서 어떤 메뉴로 해결할 것인가를 결정하기보다 훨씬 쉽게 보안감호처분 2년 갱신을 의결할 것이다. 그리하여 어느 날 '사회주의의 우월성을 믿고 전향을 거부할 뿐 아니라 사회안전법의 부당성을 주장하는 등'이라고 두세 줄 타자된 '이유'가 첨부된 보안처분갱신결정서가 나의 감방으로 날아들 것이다. 나는 또다시 2년을 이 싸늘한 1평짜리 감방에 감금되어 있어야 한다. 이

전 과정에서 나는 언제나 하나의 '인격'이 아닌 '처분대상'으로 취급받을 뿐이다.

그의 주장은 카프카의 『성』이나 솔제니친의 『수용소군도』에서나 볼 수 있는 관료체제의 비정한 인간 소외를 다시금 보여주는 것 같아 슬픔과 함께 몸서리치는 공포를 느끼게 한다. 또한 그의 주장 속에는 사회안전법의 모든 문제점이 농축되어 있는 듯하다.

그는 지금도 청주 보안감호소에 감금되어 그의 표현대로라면 '사회안전법이라는 거대한 괴물'과 맞서 외로운 투쟁을 계속하고 있다.

유신체제의 극심한 탄압 속에서 탄생

고려대 법대에 재학 중 체포되어 5년의 징역형을 살고서도 네 번에 걸쳐 보안처분이 거듭되는 바람에 7년에 가까운 감금 생활을 계속하고 있는 강종건 씨의 경우도 다를 바가 없다. 이 두 사람은 보안처분의 부당성을 다투며 법정투쟁을 계속해 왔기 때문에 밖으로 그들의 실상이 알려지게 되었다. 실로 얼마나 많은 사람들이 이 두 사람의 경우와 같이, 아니 그 이상으로 사회안전법이라는 괴물에 희생되어 고통을 당하고 있는지 알 길이 없다.

사회안전법이라는 법망 속에 갇혀본 사람이라면 누구나가 흡사 눈에 보이지 않는 정체불명의 거대한 괴물 앞에 알몸으로 선 절망감을 느끼게 된다고 한다. 도대체 이 괴물과도 같은 법은 언제 무슨 이유로 만들어져 제도적 폭력으로 우리를 위협하고 있는가. 보수적이라고 알려진 대한변호사협회에서조차 인권 유린을 이유로 폐지를 요구한 이 법은 무엇이 문제인가.

사회안전법은 유신체제가 그 내부적 모순과 체제도전세력의 저항으로 인하여 위기의식을 강하게 느끼던 1975년 7월 16일 제정되었다. 이 법이 제정되기 전인 1974년 집권세력은 국내경제의 재생산과정의 위기와 국민대중의 저항을 극복하기 위하여 독재를 노골화하면서, 초헌법적이고 가공할 만한 긴급조치를 적용하여 이에 대항하는 반체제세력을 '엄벌'에 처하였다. 그러나 이로 인해 국내정세가 경직일로로 치닫고 국민들의 저항이 더욱 가열차게 전개되자, 이를 무마하기 위한 유화조치로 1975년 2월 대규모적인 특사를 단행하는 한편, 석방되어 나오는 반정부 인사들을 규제하기 위한 체제유지적인 안전판을 만들어 두게 되었다. 그 구체적 장치가 바로 사회안전법으로 이해된다.

이 법 제정 당시부터 많은 국민은 '북괴의 도전으로부터 우리 사회의 안전을 도모하기 위해 이 법을 제정하는 것'이라는 정부의 거듭되는 공언에도 불구하고, 이 법이 오히려 국민총화를 깨뜨리고 사회의 음성적인 불안을 급격히 확대시켜 나갈 것이라고 우려했던 것이다.

국가보안법 위반자가 주대상

사회안전법은 특정범죄를 다시 범할 위험성을 예방하고 사회 복귀를 위해 교육 개선이 필요하다고 인정되는 자에 대하여 보안처분을 함으로써 국가의 안전과 사회의 안녕을 유지함을 목적으로 한다(제1조). 따라서 이 법은 반국가사범에 대해서 형 집행 종료 후에도 재범의 위험성이 있고 사회 복귀를 위한 교육·개선이 필요하다고 인정될 때에는 그 위험성의 경중에 따라 보호관찰처분, 주거제한처분, 보안감호처분 등 3종의 보안처분을 할 수 있도록 규정하고 있다(제3조).

이 중 보호관찰처분은 사생활과 통신의 자유, 행복추구권 등에 중대한 제한을 가하는 행정부의 처분으로 되어 있는바, 이 처분을 받은 자는 소정의 사항을 거주지 관할 경찰서장에게 신고하고(신고의무), 그 지시에 복종해야 하는(복종의무) 두 가지 불이익을 입게 된다. 피보호관찰자는 매 3개월마다 신고를 해야 하는데, 신고사항 중에는 3개월간의 주요 활동사항은 물론 통신 회합한 다른 보안처분 대상자의 인적 사항과 그 일시·장소·내용 등도 포함되어 있다. 그리고 복종의무사항에는 죄를 범할 우려가 있는 일정한 행동을 하지 말 것, 죄를 다시 범할 기회 또는 충동을 줄 수 있는 일정한 물건을 소유·보관·소지하지 말 것 등이 포함되어 있다.

주거제한처분은 거주·이전의 자유에 제한을 가하는 처분으로서, 이 처분을 받은 자는 보호관찰처분을 받은 자가 받는 온갖 제약을 다 받을 뿐만 아니라, 주거지역내에서만 생활하고 주거지역 외에는 출입이 원칙적으로 금지되는 일종의 연금 상태에 빠지게 된다.

보호관찰과 주거제한처분이 자유제한적 보안처분임에 반하여 보안감호처분은 자유박탈적 보안처분이다. 보안감호처분을 받은 자는 일정한 장소에 수용되어 교화·감호를 받아야 한다. 이것은 실제로 신체의 자유를 완전히 박탈하는 처분으로 사실상 형벌의 일종인 자유형과 동일한 효과를 가진다.

세 가지 중 어떤 보안처분을 부과할 것인지 여부는 검사의 청구에 의해서 법무부 산하의 보안처분심의위원회의 의결을 거쳐 법무부 장관이 행하도록 되어 있다. 따라서 자유형과 다름없는 보안감호처분이 법관이 아닌 행정기관에 의해 행해지는 점에 근본적인 의문이 제기된다.

보안처분의 기간은 2년이며, 검사의 청구에 의해 얼마든지 갱신이 가능하다. 보안처분의 대상자는 보안처분 대상범죄로 금고 이상의 형을 선고받고 그 집행을 받은 사실이 있는 자이다. 그러므로 특별사면을 받은 자도 석방과 동시에 이 법의 적용을 받게 되며, 만기 출소한 자도 역시 이 법의 적용을 받는다.

그리고 보안처분 대상범죄는 형법상의 내란의 죄, 외환의 죄(형법 제27조 내지 제101조), 군형법상의 반란의 죄, 이적의 죄(군형법 제5조 내지 제16조), 국가보안법 제3조(반국가단체의 구성), 제4조(목적수행), 제5조(자진지원, 금품수수), 제6조(잠입, 탈출), 제7조(찬양, 고무 등), 제8조(회합, 통신), 제9조(편의 제공) 위반 등이다.

보안처분 대상범죄 중 가장 문제가 되는 것은 국가보안법 위반사범이다. 왜냐하면 사회안전법상의 보안처분 대상자의 거의 대부분이 국가보안법 위반자일 뿐더러, 그들 중에는 공산주의자이거나 간첩이기보다는 독재권력에 반대해 온 반정부 인사가 많기 때문이다.

박형규 목사 등 지금 이 사회에서 활동하고 있는 많은 사회 저명인사, 지식인 등이 그 대상자가 되어 있다는 점만 보더라도 사회안전법의 문제점은 극명하게 드러난다고 하겠다. 반정부 인사 중 국가보안법의 과대 적용으로 용공좌경분자로 몰려 실형을 산 후 다시 보안감호처분에 의해 계속 강제격리수용을 당하고 있는 자가 있다는 생각을 하면, 사회안전법이 얼마나 심한 인권 침해를 자행하고 있는지를 쉽게 알 수 있다.

사회안전법은 국가의 존립과 안전을 보호한다는 목적하에 책임능력자인 반국가사범에 대하여 형벌과 다를 바 없는 자유박탈적 보안처분을 인정하고 있다. 그러나 인간의 존엄과 가치를 최고의 이상으로 삼고 있는 민주적 법치국가에서 법치국가의 간판을 내리지 않은 채 이러한 보안처분제도를 용인할 수 있는지 의문이다.

보안처분, 어디까지 가능한 것인가

보안처분이란 종래의 형벌만으로 사회 보전의 기능을 수행할 수 없는 경우 형벌을 보충하거나 대체하는 의미에서 범죄의 위험성을 가진 자에 대하여 국가가 행하는 범죄예방처분으로서, 자유의 박탈 또는 제한을 수반하는 격리개선처분이다. 이러한 보안처분제도는 18세기 후반 이후 많은 비판과 시행착오를 거치면서도 실정형벌제도의 단점을 보완하는 역할을 하면서 꾸준히 그 영역을 확대해 입법화되어 왔다.

행위자의 자유의사를 전제로 책임을 논하는 도의적 책임론에 의하면 책임 무능력자에게 책임을 부과할 수 없다. 그러나 범죄성 정신장애자와 같이 반사회적 행위를 할 위험성이 상존하는 자에게 아무런 조치를 취할 수 없다면, 그것은 중대한 사회통제력의 결여가 된다.

또한 종래의 응보형주의에 의하면 형기가 일단 종료하면 범인을 다시 사회에 방면해야 한다. 그러나 이 경우는 상습범과 같이 특수한 위험성이 있는 자에 대해 사회를 무방비 상태에 놓아 두는 결과를 낳는다.

따라서 사회를 보호하면서 아울러 이들 범인을 개선·교화할 제도적 장치가 필요하게 되어 보안처분제도가 생기게 되었다. 그러므로 연혁적으로 볼 때 보안처분은 정신장애자, 알코올중독자, 마약중독자 등 책임무능력자, 한정책임능력자와 상습범죄자, 누범자 등으로부터 사회를 보호하고, 그들을 개선, 교화하기 위해 제도화된 것이다.

그러나 보안처분은 인간을 사회방위를 위한 수단으로 격하시키는 면이 있기 때문에, 인간의 존엄성을 침해한다는 비난과 함께 그 적용의 한계가 문제되지 않을 수 없다. 범죄로부터 사회를 방위하기 위한 범죄투쟁에 있어서, 효과가 기대되는 모든 수단이 무한정 자유로이 사용될 수 있는 것은 아니다. 그러한 제수단 중 민주적 법치국가 원리상 허용될 수 없는 부분은 그 효과와 관계없이 처음부터 포기되어야 한다. 보안처분의 본질상 요구되는 기간의 장기 또는 부정기 문제, 위험성 예측의 곤란 문제, 결정권자의 광범한 자유재량의 문제, 위험한 범죄인의 유형화 문제 등과 관련, 정책적 편의만을 위한 보안처분제도의 확대는 행위형법의 법치주의적 원칙에 크나큰 위협이 아닐 수 없다.

따라서 오늘날 많은 민주법치국가에서는 책임능력자에 대한 보안처분제도의 시행을 자제하고 있으며, 책임능력자인 상습범에 대한 보안처분을 시행하는 일부 국가에 있어서도 그 시행으로 인한 인권 침해를 극소화하기 위해 그 결정권을 법원에 두고, 기간을 한정하는 등 엄격한 제한을 부과하고 있다.

반국가사범에 대한 보안처분의 입법례는 말레이시아의 국내안전법, 자유중국의 '懲治叛亂條例' 등에서나 찾아볼 수 있을 정도이며, 일제하의 악명 높은 치안유지법도 이 부류에 속한다.

반국가사범에 대한 보안처분의 부당성

반국가사범에 대하여 보안처분이라는 범죄투쟁수단이 사용되어서는 안 되는 이유는 다음과 같다.

우선 책임능력자인 반국가사범에 대한 자유박탈적 보안처분은 사실상 형벌과 다를 바가 없다. 따라서 형벌 이외에 누적적으로 보안처분을 부과할 필요가 없다. 그것은 보안처분이라는 이름을 빌려, 형벌을 과하고자 할 때 오는 모든 제약으로부터 벗어나기 위한 편의주의적 속임수에 불과하다. 보안처분이라는 간판하에 과하여지는 '형벌'일 뿐이다. 따라서 형벌에 대치되는 보안처분이 아닌, 형벌에 덧붙여 과해지는 보안처분은 처벌의 가중일 뿐이다.

또한 책임능력자인 반국가사범에 대해서는 재범의 위험성을 판단하기가 어렵다는 점도 주요한 이유가 된다 하겠다. 책임무능력자에 대한 치료처분, 금단처분의 경우에는 위험성의 제거 내지 예측이 과학적으로 가능하나, 정치범과 같이 책임능력자에 대한 보안처분의 경우에는 속죄 혹은 교화·개선이 되었는지 여부, 따라서 재범의 위험성 여부의 판단이 극히 곤란하다. 따라서 판단자의 자의가 개입되기 쉽고, 경우에 따라서는 무기형적 형벌과 동일한 것이 되어 버리고 만다.

이 점에 관하여 대법원은 '사회안전법 제6조 제1항 1호 소정의 죄를 다시 범할 위험성이란 예방 조치를 본질로 하는 보안처분의 성격상 장래의 죄를 범할 개연성이 있느냐의 유무에 의해 판단될 수밖에 없고, 이의 기준은 처분대상자의 전력이나 전과 성격 환경 및 현재의 지향하는 바 성향 등 제반 사정을 종합하여 가려야 할 것이다'라고 판시한 바 있다(대법원 1985년 11월 26일 선고 85누 343 판결).

결국 대법원 판결에 따르면 재범의 위험성이란 재범의 개연성으로 확장 해석되게 되며, 재범의 개연성이라는 확실하지도 않은 의심만 있어도 마구잡이로 인신을 구속할 수 있다는, 민주적 법치국가에서 용납할 수 없는 결론이 도출되는 것이다.

셋째로 정치범 내지 확신범에 대한 자유박탈적 보안처분은 보안처분에 있어서의 비례·균형의 원칙에도 반한다. 형벌이 책임주의와 죄형법정주의에 의해 그 정당성이 유지되듯이, 보안처분은 비례·균형의 원칙과 죄형법정주의의 준용에 의해 정당성이 담보된다. 따라서 보안처분에 의한 침해의 정도와 행위자의 위험성은 상호 균형이 맞아야 하는데, 정치범이 자기의 범죄에 대한 대가를 치른 후 다시 아무런 범죄를 새로이 저지르지 않았는데도 자기의 정치적 신조를 바꾸지 않는다는 이유만으로 다시금 감금되어 동물적인 존재로 전락한다는 것은 정당성의 결여라고 생각하지 않을 수 없다. 개인의 자유와 권리를 더 적게 침해하고도 소기의 목적을 달성할 수 있는 다른 방법이 있는데도 불구하고 단순한 편의주의적 태도로 말미암아 이를 택하지 않을 경우는 명백히 비례의 원칙에 반한다 하겠다.

넷째로 정치범 내지 확신범에 대한 자유박탈적 보안처분은 실익도 없고, 양심의 자유와 근본적으로 상치한다. 법원에서 선고한 형량을 다 복역할 때까지도 그의 신념체계를 버리지 않은 확신범이 다시 보안처분을 받아 수용을 계속한다고 해서 신념을 바꾸리라고 기대하기는 힘들다. 신념을 바꾸고 전향하라는 요구 자체가 인간의 내심을 침해하는 인권 탄압인 것이다. 그것은 신념을 버리지 않는 자에 대한 보복적인 탄압제도일 뿐이다.

이상에서 살펴본 바와 같이 책임능력자인 반국가사범에 대한 자유박탈적 보안처분은 민주적 법치국가 이념과는 조화를 이룰 수 없음을 알 수 있다.

인권의 본질이 소수자의 보호에 있다고 할 때, 다수자의 안전을 위해 소수자의 인권을 침해하는 것은 신중을 기해야 할 것이다. 어느 면에서는 보통 사람과 다른 소수자들이 이 사회의 희생자인 것이다.

사회안전법의 위헌성과 새 헌법

사회안전법은 현행헌법 11조 제1항과 같은 내용인 유신헌법 제10조 제1항의 '누구든지 법률에 의하지 아니하고는 보안처분을 받지 아니한다'라는 규정을 근거로 제정되었다고 한다. 유신헌법 이전의 헌법에는 위와 같은 규정이 없었다. 위 헌법조항은 형식적으로 보면 국민의 기본권을 법률로서만 제한할 수 있다는 일종의 개별적 법률유보조항이다. 그리고 주지하는 바와 같이 법률유보조항은 법률에 의한다면 기본권을 얼마든지 제한할 수 있다는 것을 뜻하는 것이 아니며, 기본권을 제한하려면 적어도 입법자가 제정하는 법률에 의하거나 법률의 근거가 있어야 함을 뜻한다. 이렇게 볼 때 법률유보는 그 자체가 일종의 기본권 제한의 한계를 의미한다 하겠다.

그러나 법률유보조항은 입법권자의 태도에 따라 순기능적으로도, 역기능적으로도 작용한다. 즉 헌법에 보장된 기본권을 제한하기 위해서는 반드시 입법권자가 제정하는 법률에 의하거나 법률의 근거가 있어야 한다는 의미로 법률유보를 이해하는 경우에는, 법률유보는 오히려 행정권이나 사법권으로부터 기본권을 보호해 주고 강화해 주는 순기능으로 작용한다. 반면에 입법권자가 법률로써 한다면 헌법에 보장된 기본권이라도 제한할 수 있다는 의미로 법률유보를 이해하는 경우에는 그것은 오히려 입법권자에게 기본권 제한의 문호를 개방해 주는 역기능으로 작용할 것이다.

이와 같이 법률유보는 입법권자에 대한 신뢰를 바탕으로 지탱될 수 있는데, 우리 헌정사에서 보듯이 입법부가 행정부의 시녀로 전락할 경우에는 법률유보 자체가 역기능적으로 작용할 가능성이 높게 된다.

따라서 학자들은 일찍부터 위 헌법조항을 형식적인 규정형식에도 불구하고 개별적인 법률유보조항이 아닌 '타당한 법률의 절차' 또는 '적법절차'의 보장규정으로 이해하려 했다. 그리고 그 적법절차의 내용으로 현행헌법 제11조 제2항 내지 제6항(진술거부권, 영장제도, 변호인선임권, 구속적부심사청구권 등), 제12조(일사부재리 원칙, 소급입법 금지원칙), 제26조(재판을 받을 권리) 등을 포함시켰다.

우리 헌법사의 쓰라린 체험에서인지 현행헌법에 관한 개정 논의가 진행될 때에도 많은 단체가 보안처분에 관한 법률유보조항을 삭제할 것을 주장했다. 법률유보조항의 역기능적 작용에 대한 피해의식 때문이었다. 그러나 1989년 2월 25일부터 시행될 새 헌법에는 그와 같은 주장이 전부 반영되지 못하고, 단지 제12조 제1항에서 '법률과 적법한 절차에 의하지 아니하고는 보안처분을 받지 아니한다'고 규정되기에 이르렀다.

이미 현행헌법하에서도 해석상 당연히 도출되는 결론이었지만, 새 헌법에서는 보안처분에 관한 법률유보조항을 적법절차보장규정으로 명정한 셈이다.

사회안전법은 자유박탈적인 보안처분을 규정하면서도 그 적법절차에 관하여는 침묵을 지키고 있다. 따라서 사회안전법은 현행헌법체계하에서도 위헌이지만, 새 헌법체계하에서는 설 자리가 없게 되었다. 이 점에서도 조만간 폐지되어야 마땅할 것이다.

왜 위헌이라고 하는가
① 보안감호처분에는 적법절차가 필요없는가

현행헌법은 제11조 제1항에 신체의 자유 및 죄형법정주의의 근거 규정을 두고 있으며, 제2항 내지 제6항에서는 신체의 자유를 제한하는 경우의 절차적 보장에 관하여 규정하고 있다. 또한 제12조에서 죄형법정주의의 파생원칙인 소급입법 금지원칙, 일사부재리 원칙을 규정하고, 제26조에서는 헌법과 법률에 정한 법관에 의하여 법률에 의한 재판을 받을 권리를 규정하고 있다. 그런데 사회안전법은 보안처분제도를 신설하여 신체의 자유를 제한하면서도 위와 같이 헌법에 규정된 제반 적법절차에 관해서는 전혀 언급하고 있지 않다. 따라서 사회안전법대로 하면 피보안감호자는 영장 없이 검사의 동행보고서에 의해 구금될 수 있고, 진술거부권은 물론 진술의 기회조차 주어지지 않으며, 변호인선임권, 구속적부심사권도 없고, 법관에 의한 공개재판도 받지 못한 채 행정기관의 일방적인 결정에 따라 구금 생활을 해야 한다. 그리고 재범의 위험성을 판단하는 자료는 피보안감호자에 의한 반대신문권도 주어지지 않은 채 아무런 제한없이 불이익의 증거로 사용된다. 그럼에도 불구하고 사회안전법이 위헌이 아니며, 사회안전법에 따른 보안감호처분이 정당한 법집행이라고 강변하는 논자들은 다음의 두 가지 이유를 든다.

첫째, 현행헌법 제11조 제1항은 '법률에 의하지 않으면 보안처분을 받지 아니한다'고만 규정하고 있으므로 국회의 의결을 거친 사회안전법의 내용에 따라 보안감호처분을 해도 하등 문제 될 것이 없다.

둘째, 보안처분은 형벌이 아니므로 형벌을 과할 경우 적용될 죄형법정주의, 적법절차규정, 재판을 받을 권리 등은 보안처분의 부과시 꼭 적용해야 하는 것은 아니다. 그 적용의 여부는 정책적인 문제일 뿐이다.

첫째 주장은 현행헌법 제11조 제1항이 적법절차를 규정한 것이라는 앞서의 설명에서 이미 그 부당성이 밝혀졌다. 둘째 주장 역시 앞서 본 바와 같이 형벌과 보안처분(특히 자유박탈적 보안처분)이 실질적으로 동일하기 때문에 타당성을 결한 이론이다.

형벌과 보안처분을 엄격하게 구별하려 드는 학자들은 양자가 다 같이 형사상의 제재에 속하지만 그 기능과 처벌 근거에 있어서 차이점이 있다고 한다. 즉 형벌은 응보, 속죄, 일반예방적 기능을 가지며, 보안처분은 개선, 보안, 특별예방적 기능을 가진다고 한다. 또 형벌은 과거의 위법행위에 대한 진압작용으로 나타나지만 보안처분은 미래의 위험성에 대한 예방작용으로 나타난다고 한다. 그리고 형벌이 책임을 근거로 하는 반면, 보안처분은 위험성을 근거로 한다고 말한다. 이와 같은 구별론에 대하여, 형벌과 보안처분은 그 법질서 유지의 제재기능에는 차이가 없고 단지 처벌 근거만 차이가 있을 뿐이라는 유력한 비판도 있다.

그러나 우리가 문제삼아야 하는 것은 양자의 기능이나 처벌 근거가 아니며, 그 제재의 진정한 내용이다. 즉 그 제재가 수형자와 피보안감호자의 신체의 자유를 어떻게 제한하느냐 하는 점이다. 따라서 제재의 내용만을 고려하면 양자 사이에는 아무런 차이점이 없다. 보안처분은 형벌과 마찬가지로 해악이며, 그 기간의 부정기로 인하여 때로는 정기적인 중징역 이상의 해악이기까지 하다. 더욱이 사회보안법은 피보안감호자의 수용·교화·감호에 관하여는 보안감호처분의 성질에 반하지 아니하는 한 행형법의 규정을 준용한다고 규정하고 있고, 실제에 있어서도 행형법 및 각종 규정 등이 보안감호소에서 교도소에서와 똑같이 기계적으로 적용·실시되고 있어 양자 사이의 차이점을 발견할 수 없다. 오히려 피보안감호자는 사실상 무기한의 감호기간하에 행형상의 누진처우제도의 혜택도 없이 무급수의 대우를 받으며 심한 전향 압력에 시달리고 있기 때문에, 일반형벌의 집행을 당하는 자보다 더 큰 해악과 고통을 감내해야 한다.

한마디로 자유를 박탈하는 보안감호처분은 사실상 형벌이다. 보안감호처분을 형벌과 다르다고 말하는 것은 일종의 상표사기, 간판사기이다. 보안감호처분은 진정한 보안처분이 아닌 사이비 보안처분일 뿐이다. 따라서 보안감호처분은 형벌이 아니기 때문에 형벌과 관련된 적법절차규정을 따를 필요가 없다는 논리는 그 어떤 이유로도 정당화될 수 없다.

② 죄형법정주의의 위배

 사회안전법은 위험성의 경중에 따라 보안처분을 세 종류로 구별하고 있다. 즉 보호관찰처분은 '죄를 다시 범할 위험성이 있다고 의심할 충분한 이유', 주거제한처분은 '죄를 다시 범할 위험성', 보안감호처분은 '죄를 다시 범할 현저한 위험성'을 각 요건으로 규정하고 있다. 그러면서도 '위험성' '현저성'을 판단할 아무런 규정을 두고 있지 않다. 다만 동법의 제7조에 '반공정신이 확립되어 있을 것'이 보안처분을 면제받을 수 있는 요건으로 규정되어 있고, 동법 시행령 제110조에 보안감호소장이 '사상전향 여부'를 검사 보고토록 하고, 동법 시행규칙 제21조에 '전향 여부'가 용의자에 대한 조사 사항으로 되어 있는 점에 비추어 볼 때 '전향에 따른 반공정신의 확립 여부'가 재범의 위험성을 판단하는 일단의 기준으로 보인다. 그러나 반공정신이라는 용어부터가 지극히 모호한 비법률적 개념이다. 따라서 비전향 = 재범의 현저한 위험이라는 안이한 도식이 남을 뿐이다. 그렇기 때문에 대법원은 재범의 위험성을 재범의 개연성으로 확장 해석하는 궁색함을 보이면서 결국은 전향 여부를 위험성 판단의 제1의적 기초로 삼고 있는 것이다.

 논자에 따라서는 재범의 위험성을 '형벌법규가 보호하는 법익의 침해 가능성'이라는 동어반복적 기준을 제시하면서 3종의 위험성의 구별은 결정권자의 건전한 양식에 따라 구별할 수밖에 없다고 주장한다. 이것은 나치스 형법 제3조에 포함된 '건전한 국민감정에 따라 처벌에 값하는 행위를 처벌한다'를 어딘가 상기하게 하지는 않을까 두렵다.

 보안처분의 성질이 장래의 위험에 대비하는 사회방위처분이라는 점에서 형벌의 경우와 완전히 동일한 정도로 구성 요건의 명확성이 요구되지는 않는다 하더라도, 보안처분에 필연적으로 따르기 마련인 위험성 예측의 곤란으로 인한 인권 유린을 최소 한도로 하기 위해 입법적 노력은 경주되어야 할 것이다. 독일 형법에 있어서의 보안감호처분이나 우리나라의 사회보호법상의 보호감호처분의 경우에는 그 요건을 어느 정도 객관적으로 범주화시키고 있는 데 반하여, 사회안전법상 보안처분의 경우에는 과거에 금고 이상의 확정판결을 받고 복역한 것을 객관적 요건으로 할 뿐, 거의 전적으로 '위험성' 내지 '현저한 위험성'이라는 애매한 요건에 처분의 결정권을 맡기고 있다.

현행헌법의 해석상 보안처분에도 죄형법정주의가 준용되어야 하는바, 보안처분법정주의에 위배한 사회안전법은 위헌임이 명백하다.

③ 일사부재리 원칙 및 소급법 금지의 위배

보안감호처분은 새로운 범죄를 저지른 바 없어도 종전의 형벌에 누적적으로 '수용'이라는 불이익을 부과시키므로, 이중처벌이라는 비난을 면할 길이 없다. 대법원 판결은 보안감호처분이 범죄예방조치로서 형벌이 아니므로 일사부재리 원칙에 위배되지 않는다고 판시하고 있으나 보안감호처분은 그 실질에 있어서 형벌과 다를 바가 없는바, '형벌' + '보안처분'은 '벌' + '사실상 형벌'로 되어 누적적 형벌에 의한 일사부재리 원칙에 반함을 부인할 길이 없다.

사회안전법은 제정일 이전에 보안처분 대상범죄로 금고 이상의 형을 선고받고 그 집행을 받은 사실이 있는 자 모두에게 적용하도록 규정함으로써, 실제 법집행 과정에서 20년 혹은 30년 전 행위 때문에 복역 후 착실하게 사회 생활을 영위하던 사람들이 다시금 수감되는 비극적 사태를 돌발시켰다. 서준식 씨의 진술에 의하면 전라북도 김제의 정모 씨는 1950년대 반국가사범으로 수 년간 복역을 한 후 1958년에 출옥, 그후 자녀를 11명이나 낳고 20년간 문제 없이 안정된 생활을 영위해 오다가 사회안전법 제정 후 비전향이라는 조건 때문에 보안감호처분을 받고 다시 수감 생활을 하게 되었으며, 결국 3년간의 고생 끝에 보안감호소에서 전향, 출소하였다고 한다. 실로 한국판 '25시'라 하겠다. 소급입법 금지의 대원칙이 보안처분이란 미명하에 유린되고 있는 사회안전법은 이 점에서도 위헌임을 면치 못한다고 하겠다.

④ 절대적 부정기형의 금지

사회안전법상의 보안처분은 2년마다의 갱신결정에 의해 무기한 연장될 수 있다. 그리고 그 갱신결정은 본인도 모르게 소리없이 진행된다. 그리하여 어느 날 두세 줄의 상투적인 이유가 적힌 결정문이 날아오면 다시 2년간 차가운 감방에서 고독과 싸워야 한다. 서준식 씨의 진술에 의하면 피보안감호자의 평균 연령이 만 63세이며 50세 이하는 단 4명밖에 없다고 한다. 이 점 하나만으로도 피보안감호자들이 얼마나 여러 차례 갱신처분을 받았는지를 쉽게 추지할 수 있다고 하겠다. 명확한 요건도 규정되어 있지 않은 상태에서 반복되는 갱신결정을 감안하면, 보안감호처분은 무기형에 다름없는 절대적 부정기형으로 헌법 위반임이 틀림없다 하겠다.

⑤ 재판을 받을 권리의 침해

사회안전법의 위헌성은 보안처분의 결정권을 사법기관이 아닌 행정기관에 맡긴 점에서도 여실히 드러난다 하겠다. 대한변호사협회가 사회안전법의 폐지를 들고 나온 것도 이 점 때문이다.

현행헌법 제26조에 의하면 모든 국민은 헌법과 법률에 의한 법관에 의하여 신속하게 공개된 재판절차에 따라 엄격한 증거에 의해 유죄로 입증되기 전에는 그 신체의 자유를 침해당하지 않도록 보장받고 있다 하겠다. 이미 누누이 지적한 바대로 자유박탈적 보안감호처분이 사실상 형벌과 다름없는 신체적 자유의 제한이라면 그 제재는 반드시 적법절차에 따라 법관에 의한 공개재판으로 결정되어야 할 것이다.

특히 새 헌법이 법률과 적법한 절차에 의하지 아니하고는 보안처분을 받지 아니한다고 규정하고 있기 때문에 새 헌법하에서는 현재의 사회안전법이 존재할 근거가 없다.

자유박탈적 보안처분의 결정기관에 관한 문제는 결코 정책적인 문제가 아니며, 민주적 법치국가 원리가 요구하는 이념적 당위인 것이다. 악명 높은 일제하의 치안유지법에서조차 예방구금의 결정은 검사의 요청에 의해 법원이 하도록 되어 있었다. 한 번이라도 체포되어 구금의 경험을 가진 사람은 법관에 의해 신속하게 공개재판을 받는 것이 얼마나 중요한가를 뼈저리게 느꼈을 것이다.

보안처분이 행정기관에 의해 결정된 후 최종적으로 그 결정에 대한 행정소송 등 법적 구제수단이 보장되어 있다고 하더라도, 처음의 보안처분결정이 행정기관에 의해 행해진 위헌성은 치유되지 않는다. 보안처분의 기간이 2년이므로 피보안처분자가 그 효력을 다

투다가 2년이 경과되면 소(訴)의 이익이 상실되고 만다. 우리나라와 같은 재판 현실하에서 보안처분에 관한 불복 소송이 2년 안에 끝나리라는 보장은 없다. 따라서 국가기관이 이러한 점을 악용하면 피보안처분자는 계속 반복하는 갱신결정에 대해 소송을 제기만 하다 마는 상황에 처하게 될지 모른다. 실제로 강종건 씨의 경우 1983년 월 13일자 보안감호처분기간 갱신결정 무효확인소송에서 고등법원과 대법원을 세 차례나 오르내리다가 결국 2년의 기간이 지나 그 동안의 소송 수행이 헛수고에 그치고 말았다.

⑥ 양심의 자유의 침해

사회안전법이 내포하고 있는 많은 위헌성 가운데 가장 심각하고도 공공연한 인권 침해는 현행헌법 제18조에서 보장한 양심의 자유에 대한 위반이라 하겠다. 양심의 자유에 대한 침해는 직접적으로 제9조 인간의 존엄과 가치 및 행복추구권에 대한 침해에 연결된다.

양심의 자유 중 '양심결정의 자유'와 결정된 내용에 관한 '침묵의 자유'는 그 제한이 불필요할 뿐만 아니라 불가능한 절대적 자유이다. 그런데 사회안전법이 보안처분의 요건으로 재범의 위험성을 들고 있기 때문에 그 위험성을 추지하기 위해 처분 대상자의 의도 내지 신념에 파고들지 않을 수 없게 된다.

결국 사상 전향 여부가 가장 손쉽고 편리한 기준으로 등장하게 되는데, 사상 전향은 본질적으로 양심결정의 자유와 결정된 내용에 관한 침묵의 자유를 침해하는 것이 된다. 왜냐하면 보안처분에의 위협, 현재의 보안처분 상태는 사상 전향을 자발적이 아닌 강요로 유도해내기 때문이다. 정치범 내지 사상범에 대한 보안처분, 그것은 아무리 법문을 그럴듯하게 꾸민다 해도 '정치범의 사상에 대한 박해' 이외의 아무것도 아니다.

사회안전법은 재범의 위험성이라는 지극히 불명한 요소를 보안처분의 구성 요건으로 설정함으로써 필연적으로 양심의 자유를 유린하는 운명을 타고났다 하겠다. 현대 법치국가의 한복판에 이 어두운 중세의 십자가 밟기, 이단심문이 횡행하고 있다고나 할까.

유신체제의 망령은 사라져야

이상에서 살펴본 바와 같이 사회안전법은 명백히 위헌적인 법률로서, 비민주적이고 비인도적인 악법이다. 유신체제를 지탱하는 제도적 폭력수단의 하나로 기능해 온 이 법이 유신체제가 붕괴한 지 7년이 지난 오늘까지 법이라는 이름으로 무수한 민주인사를 탄압하고 있음은 실로 놀라운 일이다. 새 헌법이 '법률과 적법한 절차에 의하지 아니하고는 보안처분을 받지 아니한다'고 명정하고 있기 때문에 이제 이 법은 더 이상 설 자리가 없게 되었다. 사법부도 더 이상 누구의 눈치도 살필 것이 없이 이 법의 위헌성을 앞장서서 공증해야 한다.

정말 새 술은 새 부대에 담아야 한다. 그리하여 죄형전단주의적 악법하에서 중세 유폐의 고통을 겪고 있는 사회안전법의 모든 희생자를 구출해내야 한다. 법의 제정 과정이나 내용에 관계없이 법이라는 형식을 빌리기만 하면 어떤 종류의 인권 침해나 독재도 가능하다는 시대착오적 법 만능사상은 사라져야 할 때다.

법이 독재자의 성전(聖殿)이 되어서는 안 되며, 인권 보장의 최후의 보루로 기능해야 한다. 필리핀 민주혁명 후 라모스 장군은 다음과 같이 말했다.

"필리핀에 독재가 사라지고 민주정부가 들어서면 게릴라들은 총을 버리고 고향으로 돌아올 것이다."

우리의 지고의 가치인 자유민주적 기본 질서를 지키고 신장시키는 일도 반대자에 대한 물리적 탄압 내지 격리로는 결코 달성될 수 없다. 그것은 우리 사회의 모든 분야가 민주적 개혁으로 새로워질 때만이 가능할 것이다.

이 글의 서두에 소개한 서준식 씨를 생각하면 가눌 길 없는 비감에 젖게 된다.

도대체 무엇이, 무슨 이유로 23세의 홍안의 그를 만 39세의 장년이 되도록까지 감옥 속에 유폐시켰단 말인가. 그는 지금도 전향을 거부하여 사회안전법이라는 괴물과 시지푸스적 사투를 계속하고 있다.

지난 4월 봄비가 내리던 어느 날 50여 일의 단식으로 사경을 헤매는 그를 만나 보기 위해 그의 변호인인 김상철 변호사와 함께 청주 보안감호소로 찾아갔다. 그러나 납득할 수 없는 이유로 김 변호사만 면회를 하고 필자는 그냥 돌아와야 했다. 이 글을 쓰기 전 꼭 한 번 그를 만나 보겠다고 생각했으나 내 스스로 최근 얼마 전 변호사 업무 정지가 내려져 더 면회가 어렵게 되었다. 서준식 씨와 함께 사회안전법으로 고통을 감내하고 있는 다른 피보안감호자들의 인권에 이 글이 조금이라도 도움이 되었으면 하는 마음 간절하다.

(1988. 12)

수치심을 떨쳐 버린
권인숙 양의 용기와 희생

나는 여느 때처럼 대학 출신 노동자가 구속되어 변호인의 조력을 바란다고 하여 인천 소년교도소로 갔다. 당시 학생운동권에서는 노동자들을 위해 직접 공장에 들어가 그들과 함께 일하며 투쟁하는 것이 유행처럼 번져 있던 때였다. 그래서 많은 대학생들이 노동현장에 들어가 일하다가 신분이 밝혀져 이른바 '위장취업자'라는 이름으로 구속되곤 했다.

또한 당시는 인권상황이 가장 악화된 시기로 세칭 인권변호사들에게는 최고의 호경기였고, 우리는 지금의 민변 전신인 정법회를 만들어 조직적인 인권 활동을 벌이고 있었다. 정법회의 사령탑에는 이돈명 변호사가 앉아 사건을 분류, 배당하는 역할을 하였는데, 나는 주로 노동사건을 맡아 변론했기 때문에 권인숙 양 변론도 나에게 배당된 것이다. 그날 오후 이 변호사는 나에게 전화를 걸어 "인천까지 가라고 해서 미안하네. 지금 아무도 갈 사람이 없으니 노동사건을 맡고 있는 자네가 좀 가주어야겠네. 대학 출신 여학생인데 변호인의 접견을 간절히 바라고 있는 모양이네"라고 말하였다. 그래서 나는 내가 이미 맡고 있는 다른 구속자도 만나볼 겸 인천행에 나섰다. 그런데 뜻하지 않게 사건 중의 사건을 만났다고 할까. 인권변론의 기념비적인 사건이 될 '부천서 성고문 사건'과 부딪치게 된 것이다.

인천 소년교도소에 도착하자 교도소 전체가 긴장감에 휩싸여 있었다. 교도소내 양심수들은 계속 단식농성을 하고 있었고, 밖에서는 구속자 가족들이 시위를 하면서 권 양 사건을 밝혀 줄 변호사를 기다리고 있었다. 나는 가족들로부터 대충 얘기를 들은 후 내가 이미 변론을 맡고 있었던 연세대 출신 박모 양을 먼저 만나 보기로 했다. 처음부터 권 양을 만나 보겠다고 하면 권 양을 만나지 못하게 할 가능성이 있었기 때문이다.

그래서 박 양을 먼저 만나 권 양 사건을 대충 전해듣고, 권 양이 소내(所內)에 있음을 확인한 후 권 양의 접견을 요구할 생각이었다. 박 양을 만났더니, 박 양은 권 양과 같은 방에 있다고 하면서 권 양이 당한 사실을 상세하게 얘기해 주었다. 그 전부터 5·3시위 사태를 수사하면서 여자 구속자에게 성적 고문이 행해지고 있다는 말이 떠돌았고, 구속자들로부터 실제로 당했다는 이야기를 듣기도 했으나, 구속자들이 수치심 때문에 사건의 전모를 밝히기를 꺼리고 증거도 확보할 수 없어 유야무야되고 만 경우가 있었다.

그런데 권 양의 경우는 처음부터 달랐다. 박 양에 이어 권 양을 직접 만나서 듣게 된 내용도 엄청났지만 꼭 정확한 사실을 외부에 알려 다시는 자신과 같은 희생자가 생기지 않도록 해달라는 권 양의 확고한 자세가 나를 놀라게 했다. 서울대학교를 다니다가 공장에 들어갔다는 저 연약해 보이면서도 아리따운 학생의 어디에서 저런 용기가 나올 수 있을까 생각하며 나 스스로도 있는 힘을 다해 그녀를 돕겠다고 다짐했다.

나와 조영래 변호사가 고발장 써

접견을 끝내고 기다리고 있던 가족들 앞에서 차마 권 양이 당한 내용을 말하기가 부끄러울 정도였다.

서울로 올라와 동료 변호사들에게 연락하여 사건의 진상을 알리고 대책을 숙의하였고, 다음날 다시 홍성우 변호사와 조영래 변호사가 내려가 권 양을 접견한 후, 우리는 단순히 변론이나 하고 있을 사건이 아니라는 결론을 내렸다. 죄를 용서해 주라는 변론서만 써 오던 변호사가 죄를 밝혀 처벌해 달라는 고발장을 쓰기로 한 것이다. 당시 고발장은 나와 조영래 변호사가 작성하게 되었는데, 우리는 틀에 박힌 듯한 점잖은 고발장 대신, 사실을 있는 그대로 알리는 생생한 고발장을 쓰기로 했다. 그리고 그 고발장은 그것을 읽은 대학생들, 인권단체를 통해 다시 복사·배포되었다.

사건 내용이 고발장을 통해 급속히 전파되어 사회문제화되자 그때서야 언론도 1단짜리 기사로 취급하던 권 양 사건에 대하여 관심을 갖기 시작했다. 궁지에 몰린 정부는 처음 고문자 문귀동을 구속하는 선에서 사건을 수습하려 했다가 정부내 강경 공안세력의 고집으로 사건을 왜곡, 축소하여 발표하기에 이르렀다. 정부는 권 양이 성을 혁명투쟁의 무기로 삼겠다는 의도에서, 있지도 않은 사실을 꾸며내어 정권의 도덕성에 치명상을 가하려 한다고 발표하여 오히려 권 양을 거짓말쟁이로 몰아세웠다. 그러나 후에 고문자 문귀동의 구속 등으로 사건의 진실이 밝혀저 이중의 도덕정 치명상을 입어야 했다.

분연히 진실을 알리고자 했던 권 양의 용기와 희생심, 그를 격려하고 위로했던 교도소내 동료들의 동지애, 진실 규명에 앞장선 인권단체 관계자들의 끈질긴 노력, 그리고 정의와 양심의 편에 서서 무언의 지지를 보내준 국민들의 성원 등이 함께 어우러져 권 양의 변호사들이 사건의 진상을 파헤치고 사건을 역사의 무대 위로 올려놓게 했었다. (1986. 7)

권인숙 양 성고문사건 고발장*

1

우리는 공문서 위조 피의 사건으로 인천 소년교도소에 수감중인 권 양의 변호인들로서, 권 양을 접견한 후 풍문으로 전해들은 성고문 행위가 사실이라는 것을 확인하고, 놀라움과 분노를 금할 길이 없었다. 저 나치즘하에서나 있었음직한 비인간적인 만행이 이 땅에서도 버젓이 자행되고 있다는 사실을 알게 되었을 때, 경악과 공분을 느낌과 아울러 인간에 대한 믿음마저 앗아가는 듯한 암담한 좌절감을 느끼게 되었다. 단순히 음욕 때문에 일어난 것이 아니고, 성이 고문의 도구로 악용되어 계획적으로 자행되었다는 점에서, 이 사건은 우리에게 더 큰 충격을 불러일으켰다. 이제 우리는 사건의 실상을 확인하고서도 계속 침묵을 지킨다는 것은 변호인으

---

* 이 고발장은 나중에 동료 인권변호사 이돈명, 고영구, 조준희, 홍성우, 황인철, 조영래, 김상철, 박원순과 연명으로 대검찰청에 제출되어 6월 민중항쟁의 한 촉발제가 되었다

로서의 최소한의 의무마저 포기하는 것이라고 결론짓고, 이 사건 관련자를 고발하여 처벌을 요구하기에 이르렀다.

2. 고발 내용

6월 4일: 밤 9시경 집에서 형사들에 의해 부천서로 연행되어 4층 공안 담당실(?)로 가서 그 다음날인 6월 5일 새벽 3시경까지 조사를 받았다. 권 양의 혐의 사실에 대한 조사 외에도 양승조 등 인천사태 수배자들 중 지면 관계가 있거나 소재를 아는 사람이 있는지 여부에 관하여 집요하게 캐물었다.

6월 5일: 아침 9시경 1층 수사계 조사실로 끌려갔다. 정오도 경 사가 권 양에 대한 수사를 담당키로 되어 4층 420호실(421호실인지도 모른다)로 데려갔다. 이때부터 오후 6시경 공문서(주민등록증) 위조 혐의와 수배자에 관한 조사를 받고 보호실로 가서 하룻밤을 잤다.

6월 6일: 새벽 4시에 누군가 데리러 와서 상황실로 갔다. 이때 부천 경찰서에 무슨 비상이 걸린 모양으로 형사들이 다들 이미 출근해 있는 상태였다. 서장이 권 양을 보더니 "권 양이 수사에 너무 협조를 안 하는군" 하고 화를 내며 밖으로 나갔다. 수사에 너무 협조를 안 한다는 것은 형사들이 권 양에게 인천사태 수배자들(대부분 인천노동연합 관계자들)의 명단을 대면서 그 중에서 아는 사람이 있는지 여부를 묻고 특히 인천노동운동연합 양승조 위원장을 알고 있는지를 캐물었는데, 권 양이 이에 대하여 아는 사람이 있는데도 협조를 하지 않는다는 이야기였다. 서장이 밖으로 나간 후 상황실장(눈이 크고 약간 튀어나온 듯한 인상, 당시 전투복을 입고 '상황실장'이라는 완장을 두르고 있었다)이 말하기를 권 양이 너무 말을 안 하는데 아무래도 지금까지 조사 과정에서 나온 사람들(인천사태 수배자들을 지칭한 듯함)과 한 팀이 아니냐고 하면서 형사 문귀동('문기동'인지도 모른다. 형사들이 '문 반장'이라고 부르고 있었으며 얼굴은 검은 편, 입술이 두껍고 눈이 매서운 험악한 인상, 키는 보통, 나이는 35~36세 정도로 보이고 말씨는 서울 말씨, 스스로 밝힌 바에 의하면 예전에 '부평'에 있었다고 함, 이하 이름 '문귀동'이라고 부른다)을 보고 "문귀동 자네가 맡아서 해보게" 하면서 수사를 지시했다. 이에 문귀동은 권 양을 1층 수사계 수사실('조사실'인지도 모른다)로 데리고 가서 새벽 4시 30분부터 6시 30분경까지 사이에 아래와 같이 추잡한 성고문('1차 성고문'이라 부른다)을 자행하였다.

(1) 우선 문귀동은 권 양에게 "네 죄는 정책 변화로 풀려날 죄도 아니고 하니 수배자 중에서 아는 사람을 불어라. 불기만 하면 훈방하겠다"고 강요하였다. 권 양이 끝내 모른다고 하자 문귀동은 "이년 안되겠군" 하고 운을 떼면서 "나는 5·3사태 때 여자만 다뤘다. 그때 들어온 년들도 모두 아랫도리를 발가벗겨서 책상에 올려놓으니까 다 불더라. 네 몸(자궁)에 봉(막대기를 지칭한 듯하나 정확히 무슨 의미인지는 모른다)이 들어가면 안 불겠느냐"고 협박하였다.

(2) 권 양이 겁에 질려서 벌벌 떨고 있으니까 문귀동은 권 양에게 옷을 벗으라고 강요하였다. 권 양이 상의 겉옷(재킷)과 남방만 벗고 티와 브래지어 및 바지를 입은 채로 있자 문귀동은 다른 형사 1명(젊고 직급이 낮은 듯함)을 불러들여 옆에 서 있게 한 후 스스로 권

양의 바지 단추와 지퍼를 풀어 밑으로 내리면서 "너 처녀냐? 자위행위 해본 적 있느냐?"고 브래지어를 들추어 밀어올리면서 "젖가슴 생김으로 보니 처녀 가슴 같지가 않다"고 하는 등 더러운 수작을 하면서 곧이어 제발 살려달라는 권 양의 애원을 뿌리치고 권 양의 바지를 벗겨 내렸다.

(3) 이에 권 양이 극도의 굴욕감과 수치심과 공포를 이기지 못하여 엉겁결에 한 친구(노동현장 취업 과정에서 사귀게 된 이모라는 여성으로 그 이름이 본명인지 여부도 모른다. 인천사태와 관계 없는 사람임)의 이름을 대자 문귀동은 권 양에게 그 친구의 인적 사항을 자세히 적으라고 요구하였다. 권 양이 위 이모 양의 인적 사항에 대하여 자세히 모른다고 하자 문귀동은 옆에 서 있던 형사에게 '고춧가루 물을 가져오라'고 지시한 후 권 양에게 책상 위로 올라가라고 하면서 "기어이 자궁에 봉을 집어넣어야 말하겠느냐?"라고 협박하였다. 권 양이 위 이모 양이 자취하던 집이라는 곳의 위치를 적어 넣자 문귀동은 그제서야 일단 수확을 거두었다는 듯 조사를 중단하고 권 양의 바지 지퍼를 올리게 했으나 그러면서도 다시 "진짜 처녀냐?"고 물었다.

(4) 뒤이어 대공과 형사들이 권 양에게 수배자들의 사진을 보여주면서 위 이모 양이 수배자들 중의 하나가 아닌지를 확인하였다. 그후 권 양은 보호실로 끌려가서 그곳에서 하룻밤을 잤다.

6월 7일(토요일): 아침 7시경 문귀동이 다시 권 양을 데리고 가서 "너 양승조 안다고 그랬지?"라고 물어 모른다고 대답하자 '더 아는 사람이 있으면 얘기하라'고 몇 번 다그치더니 돌려보냈다. 아침 9시경 누가 권 양을 데리러 와서 1층 수사과로 갔는데 가 보니 상황실에 상황실장, 정오도 경사, 문귀동 등 10여 명의 형사들이 모여 있었다. 그들은 권 양이 일러 준 대로 이모 양의 자취하던 집이라는 곳을 방문해 보니 그런 사람이 자취한 일이 없다고 하더라면서 집주인 여자를 권 양과 대질시켰다. 대질 신문 결과 권 양이 이제까지 한 말이 거짓말이라고 판단, 경사 정오도가 권 양을 한 대 후려쳤고 상황실장은 권 양에게 '앞으로는 이제까지 대우한 것과는 달라질 테니 오늘 저녁에 두고 보라'고 협박하면서 옆에 있던 문귀동을 보고, "저녁때 그런 방법으로 조사해"라고 지시하였다. 문귀동이 권 양을 다시 보호실로 데려가면서 '네가 이제까지 한 말은 전부 거짓말이니 그냥 안 두겠다'고 협박하였다. 그날 낮 내내 권 양은 보호실에서 대기하면서 불안과 초조에 떨었고 한시바삐 검찰청으로 송치되기만을 기다리는 심정이었다. 그러나 다른 수감자들에게 물어 본 결과 한 열흘쯤 있어야 검찰청으로 넘어간다는 절망적인 대답을 들었다. 밤 9시경 문귀동이 다시 권 양을 1층 수사과 조사실(문귀동이 조사하는 방의 옆방)로 불러냈다. 당시는 수사과 직원들이 모두 퇴근하였고 청내는 모든 불이 꺼진 상태였으며 조사실 역시 불이 꺼져 있었는데 다만 건물 바깥에 있는 등에서 나오는 외광에 의해 방 안의 물체를 어렴풋이 식별할 수 있는 정도였다. 문귀동은 토요일 밤에 퇴근도 못하고 '일'을 해야 하는 데 무척 화가 난 듯 권 양에게 '독한 년'이라고 하면서 '남들은 다 퇴근했는데 네년 때문에 한밤에 또 조사를 해야 한다. 위에서 그년 되게 악질이니 족치라고 했다'라고 겁을 주고 나서 다른(남자) 형사 2명을 불러들여 권 양의 양팔을 등 뒤로 돌려 놓은 상태로 양 손목에 수갑(이른바 '뒷수갑')을 채우게 하고 그 자세로 무릎을 꿇려 앉힌 후 안쪽 다리 사이로 각목을 끼워 넣고 넓적다리와 허리 부위 등을 계속 짓밟고 때리게 하면서 권 양에게 이모 양의 본명과 출신학교, 사는 집 등을 불도록 요구했다. 이로 인하여 권 양의 넓적다리는 시퍼렇게 멍이 들고 퉁퉁 부었다. 권 양이 고통과 공포를 참지 못하여 비명을 지르자 문귀동은 '이년이 어디서 소리를 꽥꽥 지르느냐, 소리지르면 죽여 버리겠다. 너 같은 년 하나 죽이는 건 아무것도 아니다'라고 윽박질렀다. 뒤이어 문귀동은 권 양에게 수배자 중 아는 사람을 대라고 추궁하다가 계속 모른다고 하니까 옆에 있던 형사에게 고문 기구를 가져오라고 소리쳤고, 그 형사가 검은색 가방을 가져오자 불을 켜더니 인천노동운동연합 소속 수배자 20명의 인적 사항과 사진 등이 편철되어 있는 서류철을 꺼내어 한 장씩 넘기면서 아는 사람을 대라고 다그쳤다. 권 양이 모른다고 하자 문귀동은 '이년 안되겠다'고 하면서 형사들을 내보내더니 권 양을 조사실 옆에 자기 방(양쪽이 창문으로 되어 있음)으로 데리고 갔다. 이때가 밤 9시 30분경으로, 이때부터 밤 11시경까지 약 1시간 반 동안에 걸쳐 문귀동은 인면수심의 실로 천인공노할 야만적 추행을 저지르면서 권 양을 고문하였다. 이 1시간 반 동안 방 안에는 계속 불이 꺼져 있었고 권 양은 계속 뒷수갑을 찬 채로 문귀동과 단둘이 약 2평 정도의 방 안에 남아 있었으며 주위에서도 전혀 인기척을 느낄 수 없는 절망적인 상황에 처해 있었다. 문귀동이 저지른 추행의 내용은 다음과 같다.

 (1) 먼저 권 양에게 아버지가 뭘 하느냐고 물어 권 양이 식당을 한다고 거짓 대답하자(권 양의 아버지는 법원 서기관인데 권 양이 공무원 신분에 영향이 있을까 봐 걱정이 되어 거짓 대답한 것임) 문귀동은 비시시 웃더니 '간첩도 고문하면 다 부는데 네년이 독하면 얼마나 독

하냐는 취지의 말을 하면서 권 양에게 옷을 벗으라고 명령하였다. 권 양이 웃옷만을 벗자 문귀동은 권 양에게 다시 수갑을 채운 후 브래지어를 위로 들어올리고 바지를 풀어 지퍼를 내리더니 권 양의 국부에 손을 집어넣었다. 권 양이 비명을 지르자 소리지르면 죽인다고 하면서 윽박질렀다.

 (2) 권 양의 팬티마저도 벗겨 내리고 의자 두 개를 서로 마주보는 상태로 놓고 권 양을 한쪽 의자 위에 수갑 찬 손을 의자 뒤로 돌린 상태에서 앉게 하고 문귀동 자신은 맞은편 의자를 바짝 끌어당겨 그 위에 앉아 권 양의 몸과 밀착된 자세를 취한 다음 계속 수배자의 소재를 불 것을 강요하였다. 권 양이 제발 이러지 말라고 애원하였으나 문귀동은 들은 척도 않고 '너 같은 년 하나 여기서 죽어도 아무 일 없다'고 협박하였다. 이때부터 문귀동은 수시로 권 양의 젖가슴을 주무르고 국부를 만지며 권 양의 몸에 자신의 몸을 비벼대었다.

 (3) 그후 문귀동은 권 양을 일으켜 세워 바지를 완전히 발가벗기고 윗도리 브래지어를 밀어올려 젖가슴을 알몸으로 드러나게 해놓은 상태에서 뒷수갑을 찬 채로 앞에 놓인 책상 위에 엎드리게 한 후 자신도 아랫도리를 벗고 권 양의 뒤쪽에 붙어서서 자신의 성기를 권 양의 국부에다 갖다 대었다 떼었다 하기를 몇 차례에 걸쳐 반복하였다. 이때 권 양이 절망적인 공포와 경악과 굴욕감으로 인하여 거의 실신 상태에 들어가자 문귀동은 권 양을 다시 의자 위에 앉히더니 담배에 불을 붙여 강제로 몇 모금을 빨게 하였다.

 (4) 잠시 후 문귀동은 권 양을 의자 밑으로 난폭하게 끌어내려 바닥에 무릎을 꿇게 하고 앉힌 후 자신은 의자에 앉아 권 양이 자신의

성기를 정면으로 보도록 하는 자세로 조사를 계속하였다. 그러던 중 문귀동은 권 양의 얼굴을 앞으로 잡아당겨 입이 자신의 성기에 닿도록 하면서 자신의 성기를 권 양의 입에 넣으려고 하다가 권 양이 놀라서 고개를 돌리니까 난폭하게 권 양의 몸을 일으켜 세운 후 강제로 몇 차례 키스를 시도하였다. 권 양이 입을 벌리지 않고 고개를 돌리니까 문귀동은 입을 권 양의 왼쪽 젖가슴 쪽으로 가져 가더니 유두를 세차게 빨기를 두어 차례에 걸쳐 하였다.

(5) 그후 문귀동은 다시 권 양을 책상 위에 먼젓번과 같은 자세로 엎드리게 해놓고 뒤쪽에서 자신의 성기를 권 양의 국부에 몇 차례 갖다 대었다 떼었다 하는 짐승과 같은 동작을 반복하던 끝에 크리넥스 휴지를 꺼내는 소리가 들리더니 그것으로 권 양의 국부를 닦아내고 옷을 입혔다. 이때가 밤 11시경.

(6) 위와 같은 짐승과 같은 동작을 계속하는 동안에도 문귀동은 집요하게 권 양에게 아는 수배자의 이름을 대라고 강요하였고, 비명을 지르면 죽이겠다고 하면서 권양을 윽박질렀다. 또 위와 같은 동작을 하는 중간중간에 문귀동은 권 양을 서너 차례 정도 쉬게 하면서 억지로 불 붙인 담배를 입 속에 밀어넣고 물을 마시게 하였으며, 그러고 나서는 다시 갖은 협박을 하면서 수배자에 관한 추궁을 하였다. 그 동안에 권 양은 고통을 이기지 못하여 자신의 집에 찾아왔던 어느 여성 한 사람의 이름과 동인이 종전에 다니던 회사의 이름을 댔으며 문귀동은 권 양이 말한 내용을 종이에 쓰게 하였다. 위와 같은 추악한 만행을 저지른 후 문귀동은 권 양에게 호언하기를 '네가 당한 일을 검사 앞에 나가서 얘기해 봤자 아무 소용 없다. 검사나 우리나 다 한통속이다' 라고 하였다.

밤 11시가 지나 문귀동은 기진맥진해 있는 권 양을 보호실로 데리고 가서 권 양의 소지품을 챙기더니 유치장으로 끌고 갔다(이때 권 양에 대한 구속영장이 발부된 상태였음). 일반적으로 유치장에 처음 입감될 때는 몸수색을 위하여 속옷을 벗게 하는 것이 상례인데, 이때 문귀동은 여경관을 부르더니, '내가 다 봤으니 몸검사는 필요 없다. 독방을 주어라'고 지시하고는 돌아갔다. 그후 권 양은 검찰에 송치되기까지 유치장에서 열흘간을 보냈는데 한동안은 아무것도 먹지 못하였고 먹으면 계속 체했으며 밤에는 악몽에 시달리느라고 잠을 제대로 이루지 못했다. 몇 차례나 자살을 하고 싶은 충동이 엄습해 왔으나, 점차로 자신의 여성으로서의 전도를 희생해서라도 이와 같은 끔찍한 일이 다시는 일어날 수 없도록 하기 위하여 끝까지 싸우겠다는 결의가 굳어지면서 가까스로 자살 충동을 이겨내었다.

6월 16일: 교도소로 옮겨온 후 지금에 이르기까지도 권 양은 계속 악몽에 시달리고 있다. 원주법원의 서기관으로 재직하던 권 양의 부친은 이 사건의 충격으로 사표를 제출하였다. 권 양의 소식이 인천 교도소내의 재소자들에게 알려지면서 교도소내 양심수 약 70명이 문귀동의 구속 등을 요구하는 무기한 단식투쟁에 들어갔고 권 양 자신도 6월 28일부터 시작하여 7월 2일 현재까지 닷새째 단식을 계속하여 건강이 극도로 악화되었다.

3

이상이 국가권력의 집행자인 경찰에 의하여 저질러진 저 전대미문의 추악한 성폭행 고문에 관하여 피해 당사자인 권 양이 변호인들 앞에서 밝힌 내용의 개요이다.

우리는 권 양의 진술 태도나 기타 모든 정황으로 보아 위 내용이 진실인 것으로 확신한다. 우리는 이 입에 담기에도 더러운 천인공노할 만행이 다른 곳도 아닌 경찰서 안에서 다른 사람도 아닌 경찰관에 의하여 저질러졌다는 사실에 대하여 실로 경악과 전율을 금치 못한다. 더욱이 이 같은 만행이 인권옹호 직무 수행자라는 검찰에까지 상세히 알려졌음에도 불구하고 그 범인이 아직까지도 버젓이 경찰관 신분을 유지하면서 바깥 세상을 활보하고 있는 데에 이르러서는 이 나라에 과연 법질서라는 것이 형식적으로나마 존재하고 있는 것인지를 근본적으로 의심하지 않을 수 없다. 최고 학부까지 다닌 한 처녀가 입에 담기조차 수치스러울 저 끔찍한 강제 추행을 당한 사실을 스스로 밝힌 이상 그밖에 또 무슨 '증거'가 필요해서 수사를 못한다는 말인가? 경찰서 안에서는 목격자만 없으면 어떤 일이 일어나도 좋다는 것인가? 검찰이 경찰의 인권유린 행위에 대하여 이와 같이 수수방관적인 태도를 취한다면 무고한 시민들이 경찰권력의 횡포 아래 희생되는 것을 막을 길도 전혀 없게 된다. 이 사건의 진상이 철저히 규명되고 직접 범행을 저지른 자는 물론 관계 책임자들이 모두 엄중히 처단되지 않은 한, 이후 여성들은 경찰서 앞을 지날 때마다 공포에 질리게 될 것이다. 이에 우리는 필설로 이루 형언할 수 없는 분노에 치를 떨면서 먼저 저 인간의 탈을 쓰고서는 차마 상상도 할 수 없는 패륜을 저지른 문귀동을 고발한다. 피고발인 상황실장, 성명 불상자와 경찰서장 옥봉환은 제반 정황으로 보아 문귀동의 범행에 공모·가담하였거나 교사·방조하였거나 또는 적어도 이를 알면서 묵인·방치하고 단속하지 아니하였음이 명백하다고 인정되므로 아울러 고발한다. 피고발인 형사 성명 불상자 3명 역시 문귀동의 범행에 공모·가담 또는 방조한 혐의로 고발한다. 이 사건을 그대로 두고서는 실로 인간의 존엄성이나 양심이니 인권이니 법질서니 민주주의니 하는 말들을 입에 올리기조차 낯뜨겁다.

  우리들 고발인 일동은 문귀동을 비롯한 피고발인들 전원이 지체없이 의법처단되지 않는 한 이 사건에서 한치도 물러나지 않고 모든 합법적 수단을 동원하여 기어이 고발의 실효를 거두도록 총력을 기울일 결의임을 천명한다.

4

  우리는 귀청이 이 사건을 수사함에 있어서 다음 몇 가지 점에 유의하여 줄 것을 촉구한다.
  첫째, 이 사건은 문귀동이라는 변태성욕에 사로잡힌 한 개인에 의하여 우발적인 충동으로 저질러진 단독범행이 아니고 경찰권력 조직 내부의 의도적인 성고문 계획에 따라 자행된 조직범죄임이 명백하다고 생각된다. 우리는 귀청이 이 끔찍한 조직 범죄의 전모를 낱낱이 파헤쳐 이 범죄가 어느 선에서부터 계획되었는지를 밝히고 피고발인들 외에도 일체의 관련자들을 남김없이 의법 처단하여 주기를 강력히 요청한다.
  둘째, 피고발인들의 소행은 강간죄 내지는 강체추행죄로 의율될 수 있음은 물론이나 이 점은 친고죄이므로 이 고발에서는 제외하였고 다만 인신구속에 관한 직무를 행하는 자의 폭행 및 가혹행위에 해당하는 부분만을 들어 고발한다. 그러나 우리는 이 사건이 종래에 흔히 볼 수 있었던 통상의 고문, 가혹행위 수법이 아니라 여성에 대한 인간적 파괴를 노리고 반인륜적인 성고문 수법을 사용한 범행이며 더욱이 피의사실에 관한 조사가 아닌 단순히 수배자의 검거를 위한 수단으로 이와 같이 끔찍한 범행이 자행되었다는 점을 중시한다. 우리는 1984년 9월 4일에도 청량리 경찰서 전경들로부터 경희대 여학생들이 성폭력을 당한 사실을 기억하고 있다. 인천 5·3사태로 구속된 피의자의 가족이 자기 딸도 부천경찰서에서 권 양과 비슷한 고문을 당했다고 주장한 것을 들은 바 있다. 이 사건으로 인해 우리는 위 주장도 사실이라는 심증을 굳히게 되었고, 특정 서에서 성이 고문의 수단으로 제도화되어 악용되고 있음을 알게 되었다. 인간의 존엄성을 최고의 이념으로 삼고 있는 민주법치국가에서 위와 같은 야만적이고 비인간적인 만행이 제도적으로 자행된다는 것은 더 이상 묵과될 수 없다. 이 사건을 최단시일 내에 철저히 수사하여 그 진상을 백일하에 드러냄으로써 검찰이 추후라도 이 사건을 은폐하거나 비호할 의도가 없음을 분명히 하여야 할 것이다.

(1986. 7)

고문의 진상은 밝혀져야 한다

프랑스 드레퓌스 사건의 교훈

'**나**는 고발한다.'

19세기 말 프랑스에서 전개된 드레퓌스 사건에서 '드레퓌스'에게 유죄판결이 선고되자 문호 에밀 졸라가 대통령에게 보낸 공개장에 붙였던 이름이다. 그것은 모든 희망이 죽어 가고 있을 때, 드레퓌스의 개인적인 비극을 온 문명세계가 참여하는 하나의 이념 운동으로 끌어올린 역사적인 외침이었다.

비공개 군법회의에서 종신형의 판결을 내린 군부가 진범이 드레퓌스가 아닌 다른 사람이라는 확증을 얻고서도 그들이 범한 오류를 인정하는 것이 두려워 진실 발표를 거부한 채 사건을 은폐하려 들었을 때, 광기어린 여론이 군부의 편을 들고, 말을 해야 할 의무를 지닌 사람들이 침묵을 지키고 있을 때, 그리고 직·간접적으로 음모에 가담하지는 않은 자들도 자기 당파가 엄청난 비난의 위험에 노출되는 것을 두려워하며 불안해하고 있을 때, 졸라는 침묵을 깨고 진실을 밝히는 포문을 열었던 것이다. 이 순교자적 외침에 힘입어 드레퓌스는 군부의 교활하고도 집요한 음모와 압력을 뿌리치고 두 번의 재심 끝에 무죄선고를 받게 된다.

드레퓌스 사건은 실로 한 사람의 원죄(冤罪)를 풀어 주는 과정에서 프랑스 전체가 공화주의의 전통을 확립한 장대한 드라마였다. 이 사건은 그 전개과정에서 프랑스 공화정의 기반을 다지고, 민주주의의 초보적 인권을 신장하는 데 크게 기여하였다.

무엇보다도 이 사건은 반공화주의적인 군부에 일대 수술을 가해 문민정치의 전통을 확립하는 데 결정적인 역할을 하였다.

'우리는 고발한다.' 이것은 이 땅에서 자행된 고문의 진상을 밝히고, 그 고문자를 처단하라는 이 땅의 양심의 소리이다. 이 땅에서는 드레퓌스적 드라마가 전개될 수 없는 것인가. 우리에게는 에밀 졸라와 같은 용기 있는 지식인이 존재하지 않는가.

우리는 부천서 성고문사건에서 성을 고문의 도구로 사용한 고문자의 정체가 밝혀져 처단됨은 물론, 권 양이 성을 혁명의 도구로 이용했다고 덮어씌운 공안당국의 발표가 기만적인 허위조작임이 백일하에 드러나기를 기대했다. 그리하여 다시금 이 땅에 고문이 재연되지 않도록 제도적 기틀이 마련되기를 원했었다.

그러나 고문자의 처벌을 요구한 재정신청은 고등법원에서 기각되고, 대법원에 재항고된 후에도 8개월이 지나도록 방치된 채 국민의 기억 속에서 멀어져 가고 있다. 권 양을 고문한 자는 오늘도 버젓이 활보하고 있는 반면, 피해자인 권 양은 1년 6개월이라는 중형을 선고받고 지금도 마산 형무소에 수감중이다.

권 양 사건을 망각해 가는 우리의 무신경

　10여 년간의 끈질긴 투쟁 끝에 드레퓌스의 무죄를 밝혀낸 프랑스 국민의 투혼은 어디에서 오는 것이며, 채 1년도 되기 전에 권 양의 피맺힌 호소를 더 이상 밝히지도 않은 채 망각의 늪 속으로 사라지게 만든 우리의 무신경함은 어디에서 비롯되는 것일까.
　권 양에 대한 성고문사건의 진상이 밝혀지기도 전에 다시금 박종철 군의 고문치사사건이 발생했다. 그리고 그 고문자들이 처벌되기도 전에 박 군을 고문하던 바로 그 장소에서 노동후원회사건의 성 군 등은 또다시 고문을 당했다고 호소했다.
　장 클로드 로레의 말처럼 권력에 의해 저질러지는 모든 형태의 폭력 중에서 고문처럼 가증스러운 것은 없다. 고문은 어떤 사람을 최소한의 방어수단도 없이 다른 사람의 손아귀에 내동댕이치기 때문이며, 또한 육체적 고통을 가하는 것만으로는 만족하지 않고 정신에까지 이르러 피고문자의 인격을 박탈하려 하기 때문이다.
　고문의 진상이 밝혀지고 고문자가 처벌되어야 한다고 하는 것은, 고문이 고문당하는 자의 인격뿐만 아니라 고문하는 자의 인격도 파괴한다는 도덕적인 우려 때문만은 아니다. 그 이유는 다음과 같은 것들이 반드시 첨가되어야 한다.
　첫째, 고문의 비밀은 밝혀지고 그 고문에 관여한 자들이 처벌되어야만 고문은 재발되지 않을 것이기 때문이다. 사건에 관여한 이상, 그 사건의 결과에 대하여 결코 책임을 면할 수 없다는 진정한 책임윤리의 확립이 요구되기 때문이다.
　둘째, 고문에 대한 진상, 나아가 인신의 자유와 관련된 모든 의혹이 철저히 규명되어야 하는 것은 공권력의 도덕성과 신뢰 회복을 위해서이다. 비밀이 비밀로서 존재할 뿐 공개되지 않을 경우 권력에 대한 신뢰는 유지될 수 없다.

권력에 대한 신뢰가 무너질 때 사회는 그 규범적 준거 기준마저 잃게 되고 나라의 기강이 무너져 미구에는 나라의 존립까지도 위태롭게 된다.

셋째, 부도덕한 정치권력을 인간화, 민주화하는 것이 고문 추방을 위한 근본적 치유의 첩경이라면, 역으로 고문의 진상을 밝혀내 고문을 추방하는 것은 권력의 민주화, 인간화의 디딤돌이 될 것이기 때문이다.

진상 은폐는 정치권력의 파행성에서

그러면 고문 및 권력과 유착된 인신탄압사건의 진상이 정확히 밝혀지지 않은 것은 무엇 때문일까. 그 원인은 대별해서 정치권력의 파행성과 국민의 주권의식 부족에서 찾을 수 있을 것이다.

우선 진실의 규명을 가로막고 있는 권력의 파행성부터 따져 보기로 하자.

언제부터인가 우리는 권력을 그냥 권력이라고 부르지 않고 그 앞에 '공(公)'자를 더 붙여 공권력이라고 부르는 경향이 많아졌다. 현대인의 편의주의적인 축소지향 심리에도 반하는 이러한 현상은 권력이 그 동안 얼마나 특정집단의 사유물로 전락하여 공공성을 잃고 있는가를 단적으로 보여주는 예라 하겠다.

또한 사회 일각에서는 권력이라는 말 대신 폭력이라는 말이, 그것도 물리적인 폭력이라는 말이 자주 사용되고 있다. 권력 자체가 제도화된 폭력으로 변모하여 무차별하게 행사되는 사태에 대한 항의적인 표현일 것이다.
　권력이 물리적인 강제력을 그 속성으로 하고 있는 것은 사실이다. 그러나 그 물리적인 강제력은 합법성과 정당성에 의해 담보되어야 한다.
　그 목적이 정당성을 체유하지 못하고 합법적인 절차를 통해 행사되지 않을 때는 권력은 폭력으로 전락하고 만다. 폭력은 무조건적이고 즉각적으로 행사되는 불법적인 힘을 말한다.
　권력이 사물화하여 법을 지배수단으로 악용하는 것도 문제이지만, 자의적인 권력이 법을 대신하려 드는 것은 더욱 큰 문제이다.
　'법대로'는 피치자인 국민에게만 해당될 뿐, 치자인 권력은 '법 없이' 자신을 노골적으로 드러내려 한다. 끊임없이 계속되는 연금, 불법감금, 무차별한 강제해산 등은 그 좋은 예이다.
　이와 같은 상황에서는 법실증주의의 폐해를 넘어선 실정법 파괴 현상 내지 법 부재 현상이라는 비극적인 현실을 외면할 수가 없게 된다. 이러한 권력의 사물화 현상, 폭력화 현상, 법 대체적 현상이 심화되고 그 통제수단이 없어질 때 남는 것은 무엇일까.
　진실, 권력의 비리 등은 우선 범죄수사의 주체이며 인권 옹호 직무의 담당자인 검찰에 의해 밝혀져야 한다. 검찰을 준사법기관으로 지칭하여 독립성을 강조하는 것도 검찰의 이와 같은 기능 때문이다. 그러나 오늘의 검찰은 그 고유의 임무를 방기한 채 권력의 시녀로 전락했다는 비판을 받고 있다.
　부천서 성고문사건의 경우 처음 인천지검은 수사 인력을 총동원하다시피 하여 연일 불철주야로 집중적인 조사를 전개하였다. 그 결과 권 양의 모든 주장이 진실임을 밝혀냈다. 그런데 검찰은 수사 결과 발표시 코페르니쿠스적 전환을 감행하였다.
　검찰이 막바지에 다른 부처에 밀려 수사 결과를 바꾸었다는 소문이 공개된 비밀처럼 나돌고 있다.

권력의 시녀로 전락한 검찰권

　범양상선의 비자금 행방을 더 이상 조사하지 않고 어물쩡하게 끝내 버린 것은 차치하더라도, 박종철 군 고문치사사건에서 검찰이 보여준 태도는 한마디로 검찰권의 현주소가 어디에 있는가를 극명하게 보여주는 것이었다.
　검찰은 박종철 사건에서 진실의 규명보다는 사건의 축소와 수습에 급급해 온 느낌이다. 사건을 일으킨 장본인인 경찰에 1차 수사를 맡기고, 수사 검사를 영등포 교도소로 출장 보내 밀실수사를 진행한 점, 고문 경찰관을 참석시키지도 않은 채 이른바 얼굴 없는 현장 검증을 한 점, 2월부터 공범이 더 있다는 말을 듣고서도 계속 방기해 오다가 사제단이 그 사실을 폭로하자 그때서야 서둘러 공범을 추가 발표한 점 등은 모두 검찰이 독자적인 수사권을 행사하지 못하고 권력의 눈치나 살피는 시녀로 전락하고 있음을 국민에게 인식시켰다.
　박 군에 대한 고문이 두 사람의 고문자에 의해 자행되었다는 것이 상식적으로 생각해 봐도 가능한 일인가. 그러한 비상식적인 경찰의 결론에 자신을 가탁해 버린 검찰을 과연 경찰의 상급 수사기관이라고 말할 수 있겠는가. 검찰이 이처럼 자신에게 부여된 독자적인 권한도 행사하지 못하기 때문에 박 군 치사사건 후 치안본부장이 '검찰은 서기까지 합해야 삼천 명이지만, 경찰은 12만 명이 된다'는 어이없는 망발을 할 수 있었던 것이다.

이제 검찰은 결코 인원이나 장비로, 권세와 위력으로 경찰을 지휘할 수 없다. 검찰은 오로지 법과 공정으로, 그리고 권력으로부터의 독립과 양심으로서만 경찰을 지휘할 수 있음을 알아야 한다.

공안 등 시국사건의 경우 검찰권의 무력성은 적나라하게 드러난다. 일선 수사기관의 실적경쟁 때문인지 모르나 마구잡이로 구속·송치되어 오는 공안사건을 검찰은 그 진위를 따져 보기에 앞서 어떻게 하면 공소 유지에 차질 없이 기소할 수 있는가에 급급해 하는 인상이다. 자율적인 결정권은 거의 봉쇄되어 있는 듯하다.

모처에서 송치되어 온 것이니 그쪽의 입장을 고려하지 않을 수 없다는 식의 푸념을 듣게 될 때, 우리는 검찰권의 독립이라는 말이 얼마나 공허한 허상인가를 실감하지 않을 수 없다.

작년 12월 발표된 노동후원회사건의 전말만 보아도 검찰권의 실상이 명백히 드러난다 하겠다. 처음 신문에는 사건의 전모가 거창하게 발표되었다. 전노추사건, 마르크스·레닌주의당사건, 혁명공채사건, 노동자해방사상연구회사건처럼 거창하게 등장하였다. 대학 전임강사, 공무원, 회사 대표 등으로 구성된 단체가 위장 취업을 하여 지하노동운동을 하는 자들에게 운동 방향을 제시하고 자금까지 후원한다는 내용이었다.

이 사건에서는 변호인들이 빨리 선임되어 검찰조사시 경찰에서의 허위 진술을 부정하고 진실을 얘기할 수 있었기 때문에 검찰은 다른 사건에서와 달리 형식적인 증거조차 확보할 수 없게 되었다. 경찰에서의 자백은 법정에서 피고인이 내용을 부인하면 증거로 쓸 수가 없기 때문에 최소한 검찰에서 자백을 받아야 되는데, 피의자들이 전부 범행을 부인하였기 때문이다.

그러자 검찰은 대학 재학시 서클 활동을 같이했던 피고인들이 모여 술을 마시며 대학 조교로 있는 한 친구에게 학내 사정을 묻고 학생운동의 현황에 관하여 담소한 사실을 들어 국가보안법상의 이적행위로 기소하였다. 나머지 7명은 개전의 정이 뚜렷하다는 이유를 들어 공소 보류를 하였다. 다른 사건에서도 흔히 있는 일이지만 처음의 신문보도와는 기소 내용이 전혀 달랐음은 물론이다.

기소되어 법정에 선 성 피고인은 다음과 같이 말했다.

나는 7명을 대신한 속죄양이다. 전부를 석방시켜 주면 경찰 체면이 안 서기 때문에 나는 그 체면의 제물이 되었다. 직선제를 주장하면 자민투로 둔갑하고, 자민투 하면 NLPDR(속칭 민족해방민중민주주의혁명)론자로 낙인찍힌다. 나는 단지 직선세 주장의 문제점을 얘기했는데, 직선제 주장에 반대했다고 제헌의회파로 몰렸고, 제헌의회는 민민투, 민민투는 다시 NDR(소위 민족민주주의혁명)론자로 탈바꿈되었다.

국가보안법 위반 혐의로 인천지법에서 재판을 받은 이모 군이 "자주했더니 반제요, 반독재 했더니 반파쇼였다. 자주·반독재 운동은 반제·반파쇼 운동으로, 다시 NLPDR로 둔갑하였다. 무고한 우리 동료들을 붙잡아 간 NLPDR이라는 괴물의 정체는 무엇이냐"라고 외친 것과 같은 맥락의 얘기이다.

만일 시국사범자들이 조금만 일찍 변호인의 조력을 받아 경찰에서의 고문에 의한 허위 자백을 번복하고 검찰에서 진실을 끝까지

고집할 수 있었다면, 또한 법원이 조금만 양심 있는 재판을 했다면 무죄가 될 사건은 많았을 것으로 생각된다.

『말』지사건 기소로 나라 망신시킨 검찰

검사의 권력에 대한 시녀화 현상은 『말』지사건에서도 단적으로 드러난다. 처음 『말』지사건 피고인들이 구속되었다는 보도를 접하였을 때 변호사들은 설마 검찰이 그와 같은 사건을 죄가 된다고 하여 기소할 수 있을까 하고 그 귀추를 주목했었다.

그러나 검찰은 끝내 이 사건을 기소하였다. 그리고는 변호인들이 외국 기자를 증인으로 신청하자 외국인을 증인으로 신청하여 나라 망신을 시키려 드느냐고 발끈해했다. 그렇다면 왜 검찰은 애시당초 죄가 되지도 않는 사건을 기소하여 나라 망신을 시키려 했는지 모를 일이다.

우리는 그 동안 정치권력의 자의성을 밝히는 대목에 이르러 전혀 맥없이 주저앉아 버리는 검찰의 모습을 수없이 목도해 왔다. 검찰은 고문 주장에 대하여 귀를 기울이기는커녕 고문 주장을 묵살하라고 은폐하려는 조짐까지 보였다. 김근태 씨 사건의 경우만 해도 대한변협이 고발을 하고 계속 수사를 촉구하자 고문 피해자 본인과의 대질조사 한번 없이 뒤늦게 무혐의 처리를 하였을 뿐이다.

1949년 대통령의 압력에도 굴하지 않고 상공부장관을 기소한 검찰의 기개, 1964년 인혁당사건에서 계속 불기소 의견을 고집한 검찰의 용기와 양심은 어디로 갔단 말인가.

다나까 수상을 록히드 사건으로 기소하는 등 네 차례나 현직 수상이나 장관을 기소하여 내각을 무너뜨린 일본의 검찰과는 너무나 대조적이다.

사법부는 그 사명을 포기한 지 오래

흔히 사법부는 국민 기본권 옹호의 마지막 보루로 일컬어진다. 사건의 종국적인 규명과 판단도 사법부의 손에 의해 이루어지며, 법을 개인의 손아귀 속에서 빼앗아 와 천하의 공기로 환원시키는 역할도 사법부에 의해 최종적으로 실행되기 때문이다. 그래서인지 권 양 사건의 한 변호인은 "세계를 돌아다녀 보아도 군부와 사법부가 제 위치를 지키지 못하고 있는 나라치고 민주정치가 제대로 실현되는 나라는 없더라"고 사법부의 중요성을 강조하는 변론을 했다.

그러나 사법부의 현주소는 사법부에 대한 기대와는 너무나도 거리가 멀다. 시국사건에 있어서의 재판 거부 현상, 항소 포기 현상은 사법부에 대한 불신을 단적으로 보여주고 있다. "사법부는 권력의 시녀로 전락했다. 우리가 왜 재판이라는 요식행위의 재물이 되어야 하느냐"고 항변하고 있다.

"사법부는 이미 그 사명을 포기한 지 오래다. 한 그릇의 죽을 얻은 대가로 장자상속권을 팔아넘긴 '에서'처럼, 사법부는 한갓 구구한 안일을 구하기 위해 국민으로부터 위탁받은 위중한 사법권의 존엄을 스스로 저버린 것이다"라고 사법부의 현실을 개탄한 권 양 사건 변론에 더 보탤 말이 없다.

문귀동의 처벌을 요구한 재정신청을 기각하면서, '문귀동의 행위는 용납될 수 없는 중대한 범죄행위, 다시는 재발하지 않도록 엄히 응징되어야 마땅할 행위'라고 단정해 놓고는, "문귀동이 그 동안 비등한 여론과 피의사실로 인하여 형벌에 못지않은 정신적 고통을 받았기 때문에 검찰의 기소유예처분은 상당하다"고 결론지은 법원의 태도 속에서 우리는 사법부의 안일성, 타협성 등을 여실히 보았다. 재정신청의 기각은 모든 진실, 모든 정의를 내리친 일격이었다.

최근에 선고된 『말』지사건을 보자. 재판이 선고되던 날 방청인들은 일부 무죄를 선고하며 피고인 전부를 석방시킨 재판장에게 열띤 박수를 보냈다. 그리고 신문도 박스 기사까지 써 가며 그날의 고조된 분위기를 호의적으로 알렸다. 물론 상대적인 의미에서 보면 이 사건의 재판장이 보여준 노력, 용기는 대단한 것이었다. 그리고 방청인들은 우선 피고인들이 석방되어 나온다고 하니까 기뻐서 박수를 친 것으로 이해할 수 있다.

그러나 엄격히 따져 보면 이 재판도 명백한 타협의 산물이었다. 이 사건은 단지 피고인들이 석방되느냐 안되느냐 하는 문제가 아니라, 표현의 자유의 한계를 어디에 그어야 하는가, 언론의 자유와 국가 이익의 관계를 어떻게 설정해야 하는가라는 역사적인 재판이었기 때문이다. 최소한 외교상 기밀누설죄, 국가기관 모독죄 부분은 전부 무죄가 선고되리라고 믿었다.

그러나 기소된 기밀 부분 중 두 가지만 무죄로 인정되었다. 언론의 현실에 대한 비판은 국가기관 모독으로 유죄라는 꼬리표가 달린 채…….

이 판결을 굳이 높이 평가한다면, 이 판결이 안이한 타협의 산물이 아니고, 한 판사, 아니 한 인간이 거대한 사회 속에서 행할 수 있는 자유의 한계를 보여준 뼈아픈 타협의 산물이었다는 점이다.

방청객 대부분이 전직 언론인들을 비롯한 지성인들로 모여 있던 법정, 그리고 선고 후의 언론보도 모두 보다 냉정하게 선고를 받아들여야 하지 않았을까. 이 사건을 통해 몸부림치는 사법부 일각의 고뇌를 읽는다. 그러나 한편 냉엄한 사법부의 현주소를 읽는다.

명백히 드러나는 사법부의 안일성과 타협성

사법부의 안일성, 타협성은 고문과 관련된 증거조사 과정에서 명백히 드러난다. 주민신고체제에 의해 마구잡이로 붙잡혀 가는 근로자들의 경우를 보자. 그들은 꼭 무슨 일을 했기 때문에 붙잡혀 가는 것이 아니다. 단지 대학 출신이라는 사실, 전과가 있다는 사실만으로 붙잡혀 가는 경우가 많다.

따라서 이 경우 별다른 단서도 없이 막연한 심증만으로 수사가 진행되기 때문에 고문이 필수적인 수단으로 등장하게 된다. "수배자 누구를 아느냐, 그의 거처를 대라, 그 동안 무엇을 해왔느냐." 완전히 투망식 수사가 고문과 함께 진행되는 것이다. 며칠을 영장도 없이 고문수사를 벌이다가 별다른 성과(?)가 없으면 이제는 범죄사실을 만들어 사건을 검찰에 송치하는 경우가 많다. 즉 구속된 근로자 본인조차도 소지하고 있다는 사실을 모르고 있었던 유인물, 책 등이 국가보안법상의 이적표현물로 등장하기도 하고, 동료들과의 사소한 토론이 국가보안법상의 이적행위로 확대되기도 한다.

국가보안법 위반혐의로 함께 기소되어 인천지법에서 실형을 받고 항소중인 김모 군과 이모 양의 얼굴이 떠오른다. 김 군은 취업시 주민등록증을 위조했다는 이유로 실형선고를 받았던 대학 출신 근로자이고, 이 양은 마이크로 전자에 다닐 때 쟁의를 주도했다가 실형선고를 받았던 일반근로자이다.

  그들은 복역을 마치고 나와 우연히 김 군 후배의 주선으로 안양 포도밭에서 만난다. 이 양은 과거 회사에서의 노조활동 경험을 말하며 이론적으로 더 공부하고 싶다고 도움을 청하고, 김 군도 함께 공부해 보자고 제의한다. 미혼의 두 사람이 서로에게 호감을 표시하는 구애의 방법이었다고도 볼 수 있다. 두 사람은 김 군의 자취방에서 서너 번 만났고, 김 군은 이 양에게 노동운동에 필요한 여러 가지 지식을 알려준다. 학습이라기보다는 하나의 데이트이다. 소주 한잔에 서로가 겪은 노동현실을 말하고, 소망스러운 미래를 그리는 대화, 그것은 얼마나 순수하고 정겨운 만남이자 대화인가.

  경찰은 주민의 신고에 의해 김 군 자취방을 급습했다가, 이 양이 그곳에 있자 이 양도 전과가 있고 불온한 학습을 받았다는 이유로 함께 연행해 갔다. 처음 두 사람을 소개했고, 김 군과 같은 자취방에서 기거하던 조모 군은 함께 기소되자, 법정에서 울먹이며 노동자에게는 데이트할 자유도 없느냐고 외쳤다. 고고클럽에 가서 데이트를 하면 아무 일도 없고, 집에서 담소나 나누며 데이트를 하면 문제가 되느냐는 항변이었다.

  고문당한 피의자들은 법정에서나마 자신의 진실을 밝힐 수 있기를 기대하나, 고문당한 내용을 진술하는 것 자체도 제한을 받는 경우가 있으며, 나아가 그 고문 사실을 밝히기 위해 고문자가 법정에 불려 나오는 경우는 찾아볼 수가 없다.

  김근태 씨 사건의 경우 전기고문에 의해 흔적이 몸에 남아 있어 변호인들은 증거보전신청을 하였다. 그러나 법원은 경찰에서 한 자백은 법정에서 피고인이 부인하면 증거 능력이 없어지므로 굳이 고문의 증거를 보전할 필요가 없다. 더구나 피고인은 검찰에 송치된 후 묵비권을 행사하는 등 경찰에서의 위압 상태가 검찰에까지 계속되고 있다고 볼 수 없으므로 꼭 고문의 증거를 보전해서 검찰에서 한 진술의 임의성 여부를 다룰 필요가 없다는 이유로 신청을 기각했다. 논리로야 그럴 듯하나 공허하다. 진실을 외면하고 있기 때문이다.

 사법부가 유럽·미국에서처럼 고문에 의해 얻어진 자백, 증거자료 등을 증거로 사용하는 것을 과감하게 배척하는 법리를 확립한다면, 이 땅에서 자행되는 고문은 훨씬 줄어들 것으로 생각된다.

 그러면 국회나 언론은 진실을 밝히는 데 있어서 그 기능을 다하고 있는가. 국회가 정치권력의 통제수단으로서의 기능을 상실하였음은 많은 말을 필요로 하지 않는다. 고문의 진상을 파헤치는 데 있어서 효과적인 방법으로 생각되는 국정조사권은 국민적인 여론의 성토 속에서도 가동되어 본 일이 없다.

 흔히 언론은 제4부라 하여 의회와 더불어 권력의 감시자로 불리고 있다. 그러나 언론 역시 그 감시적 기능을 제대로 수행하지 못하고 있다. 언론이 제 기능을 다하기 위해서는 독립성과 자율성을 지녀야 하는데, 오늘날 언론이 그 독립성과 자율성을 견지하고 있는가 하는 점에 대해서는 의문을 제기하는 사람이 많다.『말』지 특집호로 폭로된 보도지침은 그러한 의혹을 더해 준다.

 이와 같은 언론상황 속에서 '민중언론'이라는 이름하에 각종의 보도물이 속출하고 있다. 현대사회의 가장 효율적인 정보전달기구인 언론이 권력의 탄압 아래 민중의 의지를 담아낼 수 없고 진실한 사회적 정보 공급을 감당하지 못하게 될 경우, 민중의 진실정보 요구 및 공급이라는 정보소비법칙에 의해 비제도적이고 권력에 적대하는 비합법적 지하언론이 탄생하지 않을 수 없는 것이다.

국민은 무엇을 하고 있는가

끝으로 국민의 주권의식은 어떠한가. 나라의 주인이어야 할 국민은 철저히 우롱당한 채 업신여김을 받고 있다. 인권의 마지막 수호자는 국민 자신이다. 국민 스스로가 권력의 감시자, 고발자로 나서야 한다. 권력의 남용에 대한 끊임없는 고발정신이 그 어느 때보다도 절실히 요구된다.

국민의 권리의식·주권의식이 놀라울 정도로 높아진 것은 사실이다. 그러나 아직도 자기와 직접적인 이해관계가 없는 문제에 대하여는 눈을 감아 주는 것이 미덕이라는 전통적인 사고방식이 우리의 한 부분을 지배하고 있다. 권력의 남용과 비리에 대한 고발은 공동선을 위한 전체의 문제임을 명확히 인식하여야 한다. 따라서 고발은 끊임없이 계속되어야 한다.

우리 국민은 과거에 대하여는 너무 관대한 것 같다. 관용과 책임의 규명을 혼동하는 경향이 많은 듯하다. 범인은폐조작사건으로 박 치안감이 구속되던 날이다. 변호사실에 들렀더니 그 문제가 화제의 초점이 되어 있었다. 그런데 의외로 박 치안감이 구속된 사실에 대하여 아쉬워하는 사람이 많았다. 과거의 대공업적을 감안하고 앞날을 생각할 때 구속하기에는 아까운 사람이라는 것이다. 그때 한 선배 변호사가 자리에서 일어서며 퉁명스럽게 던진 말이 인상적이었다.

"대공이면 다냐? 간첩이라고 마음대로 고문을 해야 하느냐?"

특히 공인에 대한 평가는 엄정해야 한다. 반민특위까지 거슬러 올라갈 것 없이 우리는 그 동안 과거를 얼마나 쉽게 잊고 용서해 왔던가.

진상이 밝혀져야 할 사건은 너무나도 많다. 박종철 군 사건도 만일 외래의사의 검진이 없었다면, 그리고 그 의사의 용기 있는 증언이 없었다면 어떻게 처리되었을까. 사제단의 용기 있는 폭로가 없었다면 범인 은폐조작 부분은 과연 공개되었을까.

국가보안법 위반으로 7년의 징역을 선고받아 복역을 마치고도 다시 재범의 위험성이 있다는 이유로 보안감호처분을 받아(2년간의 보안처분이 네 번 갱신됨) 무려 9년이 넘는 기간을 감금당해 있는 서준식 씨(39, 서울대 법대 4년 제적, 재일교포 3세)의 경우를 생각해 보자.

그가 계속 감금당해야 하는 실질적인 이유는 이른바 '전향서'를 쓰지 않고 버티기 때문이라고 한다. 2년마다 심사를 거쳐 그에게 내려진 네 차례의 보안처분은 과연 정당한 것이었는지…….

지하에 묻힌 진실은 무서운 폭발력을 축적한다

그는 만 23세의 청년으로 감옥에 들어가 이제 40의 장년 아닌 노인이 되어 버렸다. 양심의 자유가 헌법상의 한갓 장식물이 되어서는 안된다고 믿고 한사코 전향서를 쓰기를 거부하며 9년을 감옥에서 버틴 것이다.

에밀 졸라의 말처럼 진실은 지하에 묻히면 자라난다. 그리고 무서운 폭발력을 축적한다. 그것이 폭발하는 날에는 세상의 모든 것을 휩쓸어 버릴 것이다.

따라서 고문의 진상을 비롯한 모든 인권 유린의 실상은 남김없이 밝혀져야 한다.

우리는 다시 한 번 고발한다. 지금까지 우리 형제를 고문한 고문자들을, 그 고문을 뒤에서 방조하고 교사한 집단을, 그리고 그 고문을 배태케 한 부정한 권력을. 무시무시한 고문을 겪으며 결코 저지르지 않은 죄를 속죄하고 있는 무고한 사람들을 위해, 아니 우리 스스로를 위해.

그와 동시에 우리는 또 한 가지 고발을 추가한다. 연대생 이한열 군을 사경으로 몰고 간 경찰을, 그 지휘자를, 그 배후를.

(1987. 7)

법정에서 본 노동사건

노동문제에 관한 진정한 개안

19 85년 6월 24일부터 1주일간에 걸쳐 서울 구로공단을 중심으로 전개되었던 노동자 동맹파업은 그 성격과 규모 등으로 말미암아 우리 사회에 큰 충격을 주었던 사건이었다.

4월 말에 벌인 임금인상투쟁이 불법이었다는 이유로 약 2개월 후인 6월 22일 대우어패럴 노조위원장 김준용 등 조합간부 3명이 전격적으로 구속되자, 대우어패럴 노동자들은 이에 항의하여, 6월 24일부터 파업에 돌입하였다. 그리고 대우어패럴 노동자들의 항의파업은 같은 구로공단내의 가리봉전자, 효성물산, 선일섬유, 부흥사 등 12개 사업장의 노동자들을 분기시켜 동맹파업, 동조농성, 중식거부 등 다양한 형태의 연대투쟁으로 확산되었고, 민통련 등 26개 재야 민주·민권운동단체가 이들을 지원키 위해 항의농성에 들어갔으며, 대학생들도 참가농성 및 지원시위를 벌이게 되었다.

이 사건으로 노동자 34명, 대학생 9명 등 총 43명이 대거 구속되었고, 200여 명의 노동자가 중경상을 입었으며, 3,000여 명의 노동자가 집단으로 해고 또는 강제사직되었다. 노동자, 학생들이 대량 구속되자 재야인권단체의 요청에 따라 변호사 13명이 9개팀을 편성하여 변호를 맡게 되었는데, 이 사건은 망원동 수해사건을 시발로 공동변론을 해오던 인권변호사들이 조직적인 유대관계를 맺고 공동활동을 펴는 계기를 만들어 주기도 했다.

특히 이 사건은 현행 노동관계법상의 기업별 단위조합체계의 한계를 넘어서서 여러 사업장의 노동자들이 공통된 목적하에 함께 연대투쟁을 벌였다는 점에서 사회에 큰 충격을 주었을 뿐 아니라, 노동운동 자체에도 일대 전기를 마련해 준 사건이라고 평가되고 있다.

노동자들의 열악한 노동조건, 노동조합 결성 및 활동을 둘러싸고 벌어지는 노사간의 대립상, 단체교섭 등의 진행 과정과 기업의 자세, 정부의 노동정책, 대학 출신 노동자들의 실체 등 모든 것을 간접적으로나마 체험할 수 있는 자리가 되기도 했다.

천주교 신부들이 노동현장에 직접 들어가 노동자로서 1주일간 일하며 노동자들의 실상을 인식하는 교육과정이 있다고 하는데, 이 사건 담당 변호인들은 미흡하나마 이 사건 변호를 통해 그러한 과정을 이수한 셈이 되었다.

잔업하기 싫으면 사표 써라

재판이 진행되면서 구속 노동자들을 통해 그들이 처했던 비참한 노동조건을 알게 되었을 때, 변호인들은 물론 담당 재판장까지도 큰 충격을 받았던 것 같다. 법정에서 노동자들이 그들의 처지를 진술할 때 눈시울이 뜨거워져 앉아 있기가 거북했다는 변호인들도 많왔다.

 우선 노동자들이 받은 임금부터가 상상키 어려울 정도의 저임금이었다. 정부에서 10만 원 이하의 저임금을 해소하겠다고 말할 때 필자는 그 대상이 중소기업에서 2, 3년 일해 온 단순 노동자들의 임금일 것으로 생각했다. 그런데 대재벌 그룹의 계열 기업인 대우어패럴의 경우만 해도 10년 경력의 A급 미싱사의 일당이 겨우 2,800원이어서 한 달 월급이 10만 원도 못 되었다. 효성, 선일, 부흥사 등의 노동자 임금도 같은 수준이었다.

 그래서인지 부흥사의 전 양은 "연탄가스의 중독을 감내하면서 닭장이라고 부르는 뚝방 아래 무허가 월세방을 월 4만원에 얻어야 했고, 버스 토큰까지 아끼려고 한 시간씩을 걸어다녔으며, 얼굴이 터도 로션을 몰랐다"고 진술했다. 이와 같이 적은 월급을 받은 노동자들이 어떻게 동생의 학비를 위해 시골집에 송금할 수 있는지 의문이었다.

 대우어패럴의 경우 고정적인 노동시간이 하루 10시간이었다. 그리고 1일 2시간 내지 8시간의 잔업, 철야를 했다. 만일 어떤 노동자가 개인사정으로 잔업이나 철야를 않겠다고 하면, 관리자들은 "잔업하기 싫으면 사표를 써라. 말 안듣는 사람은 필요 없다"라고 하면서 잔업을 강요했고, 그래도 사정상 잔업을 할 수 없다고 하면 시말서를 쓰게 했다고 한다. 사무직 직원들은 적당히 쉬어 가면서 일할 수 있기 때문에 하루 1, 2시간 더 일한다 해도 별로 큰 고통을 느끼지 않을 것이다. 그러나 노동자들은 아침 8시에 출근하면 점심시간 1시간을 제외하고 작업시간 내내 기계적으로 반복작업을 계속해야 하기 때문에 1시간 더 일하는 것이 피를 말리는 고통이 되고 있다고 한다. 초시계로 매수를 체크하기 때문에 조반장이 목표량을 정해 주면 화장실도 못 갈 정도로 바빠 일해야 했다고 한다. 따라서 "일 많이 하면 수당 더 받게 되어 좋을 것 아니냐"라는 생각이 얼마나 그들의 현실을 모르는 잘못된 추측인가를 쉽게 알 수 있었다. "내가 어렸을 때 꿈은 대통령이었고, 중학교 다닐 때는 판사였다. 그러나 노동자가 된 후 나의 꿈은 제시간에 출근하고 퇴근하는 동화시장 제품집에 취직하는 것이었다"라고 대우어패럴 김 위원장이 진술한 것만 보더라도, 노동자들이 얼마나 잔업이나 철야를 하기 싫어했고, 힘들어했는지를 여실히 알 수 있었다. 부흥사의 공군은 "금방 죽어갈 만큼 아프거나 부모형제가 사망한 경우를 제외하곤 잔업이나 특근에서 빠지는 것은 힘든 일이다. 잔업을 빼달라고 하면 일하기 싫으면 나가라고 하기가 일쑤이고, 허락 없이 잔업을 하지 않고 퇴근할 경우 해고를 각오해야 한다"고 진술했다.

교도소 밥이 기숙사 밥보다 낫다

대우어패럴의 경우 작업장은 환풍기 한 대 없는 먼지 구덩이 속이었고, 여름철에는 30, 40도의 더위였음에도 냉방시설은 고사하고 20여 명의 노동자들에게 1대 정도의 선풍기밖에 설치되어 있지 않아 선풍기는 곧 열풍기로 변했다고 한다. 따라서 찜통처럼 무더운 작업장에서 노동자들은 땀으로 목욕을 하며 일해야 했고, 겨울철에는 미싱 쇠가 손에 쩍쩍 달라붙는 정도의 추위 속에서도, 오들오들 떨면서 목표량 달성을 위해 일해야 했다고 한다.

구속 노동자들은 법정에서 한결같이 '살인적인 저임금', '노동지옥'이라는 용어를 서슴없이 사용했다. 노동자들은 임금이 적기 때문에 자취를 하지 않고 기숙사에 들어가는 경우가 대부분이었는데, 기숙사의 시설 또한 말할 수 없이 불량했던 것 같다. 세면장이 좁아 아침에도 많은 기숙사생들이 세수를 못하고 작업을 해야 했고, 방바닥은 항상 습기에 차 있었으며, 방 하나에 10~16명이 집단적으로 기거하여 칼잠을 자야 했다고 한다.

부흥사의 경우 기숙사 방에 스팀이 밤과 새벽 2회밖에 들어오지 않아 바닥이 항상 습기로 축축하여 기숙사생 80% 이상이 감기와 만성 기관지염을 앓고 있었다고 한다. 전기도 11시에 일제히 꺼지기 때문에 늦게나마 책을 보고 싶어도 볼 수가 없었고 각 방에 콘센트 5개가 따로 설치되어 있는데 드라이만 사용할 수 있도록 되어 있어 노동자들이 출출할 때 라면 하나 끓여먹고 싶어도 끓여먹을 수 없었다고 한다. 외출도 수요일과 토요일만 가능하여 그나마 10시까지 들어와야 했고, 월차·생리휴가는 말뿐이어서 휴가를 하루 내려고 1주일 전부터 반장, 과장에게 미소를 지으며 졸라대도 과장 기분에 따라 허락되기도 하고 불허되기도 했다고 한다. 구속 노동자들은 한결같이 공장이나 기숙사에게 먹던 밥보다 교도소밥이 더 낫다고 말했다. 또한 교도소 잠자리가 공장기숙사의 그것보다 더 낫다고 말했다.

노동자들의 진술이 과장되지 않은 사실이라면 그들의 생활은 인간으로서 최소한의 욕구마저 박탈된 동물적인 생활의 연명처럼 느껴졌고, 그들이 그와 같은 조건을 감내하고 견디어 온 것 자체가 경이스러울 정도였다.

한마디로 그들은 근로기준법의 사각지대에서 생존하고 있는 것처럼 느껴졌다. 따라서 "노동쟁의법만 법이고, 근로기준법은 법이 아니냐"는 그들의 절규에 그 누구도 반론을 제기하기 어려울 것처럼 느껴졌다.
  부흥사의 전 양은 최후진술에서 다음과 같이 말했다. 1984년 1월 4일 모 일간지의 문화면에 우리 회사가 소개되었다. 그곳에는 「신정 휴가를 반납한 구로공단의 여공들」이란 제목하에 '일당 4,500원, 떡국으로 새해 축하, 사장이 위로하며 구정에는 특별 보너스를 약속했다'는 내용의 기사가 실려 있었고, 커다란 맥주컵을 들고 활짝 웃는 동료들 모습이 담긴 커다란 사진과 함께 대문짝만하게 회사가 소개되어 있었다.
  그러나 그 사진은 미싱을 한쪽에 밀어놓고 빈 병을 나눠 주면서 맥주를 마시는 것 같은 축제 분위기를 조작하고, H 이사가 앞에서 억지로 웃겨 찍은 것이고, 노동자들은 신정 휴가에 강제출근했으며, 당시 일당 3,000원 이상을 받은 노동자는 없었다. 그리고 구정 때 수건 한 장 받은 일이 없다며 그녀는 기업과 언론의 기만성에 치미는 분노를 금할 수 없었다고 호소했다.
  같은 부흥사의 안 군 역시 최후진술에서 "하루 종일 고되게 일하고 지친 몸이 쉴 곳이라곤 몇 푼의 돈을 절약하기 위해서 서너 명이 함께 얻은 비좁은 자취방뿐이다. 3, 4명이 한 방에서 여유 없이 찡겨 자는 우리들은 눈뜨자마자 현장으로 달려가야 하고 급히 살다보니 조각구름 쳐다볼 여유조차 없었다. 한강 위에 유람선을 타고 살쪄 고민하는 어르신네들, 좋은 세상 온다고 격려하던 어르신네들은 한강 개발한다고 물고기님들을 위해 집을 짓고 있는데 우리는 고대 노예입니까, 중세 농노입니까?"라고 냉소어린 한탄을 했다.
  가리봉전자의 진 위원장도 "우리가 원하는 것은 높은 빌딩도 아니고 자가용도 아니다. 다만 혼합곡 밥만이라도 편한 마음으로 먹고 지내는 세상이다"라고 진술했다.

수출산업의 주역인 노동자들에게 우리가 그 동안 무엇을 해주었는지 뼈아픈 반성을 해보지 않을 수 없는 순간들이었다.

재판장은 증인심문이 끝나고 검사의 논고가 시작되기 전 안 군에게 "안 피고인은 임금을 얼마나 받아야 한다고 생각하는가"라고 불쑥 질문을 던졌다. 순간 법정을 가득 메운 피고인 가족, 동료 해고 근로자는 물론 30여 명의 교도관들 사이에 가벼운 긴장감과 함께 호기심이 일었다. "한국노총이 산출한 성인 남자 1인당 최저생계비는 16만 원입니다. 그 정도는 되어야겠습니다." 피고인의 적정 임금액은 다소 뜻밖이었다.

16만 원은 그가 실제 받던 월임금의 두 배, 그는 작은 욕심의 근거를 이렇게 설명했다. "하루 종일 일하고 쉴 수 있는 자취방이라도 있어야겠습니다. 하늘엔 조각구름 떠 있고 강물엔 유람선이 떠다닌다는 대한민국에서 쉬는 날 가벼운 여행이라도 하고 싶습니다." "부모님이 보고 싶을 때 고향에도 다녀와야 할 것이고요, 최소한 문화생활을 위해 매달 책 몇 권이라도 사서 볼 수 있었으면 합니다. 그러기 위해서 16만 원은 필요합니다."

격렬한 농성을 벌여 구속까지 된 피고인답지 않게 그가 바라는 인간다운 삶의 내용은 지극히 현실적이고 단순했다. "16만 원이 주어진다면 그 이상의 바람이 없겠는가"라는 재판장의 반문에 그는 "16만 원 이전에 인간답게 살고 싶습니다"라고 절규했다.

전남 담양이 고향인 안 피고인은 초등학교만 마친 뒤 가난 때문에 상경, 10여 년을 공장근로자로 지내왔다. 구속되기 전 부흥사 완성과 소속 노동자로 그가 받은 일당은 2,800원, 한 달 30일을 꼬박 일해야 8만 4,000원을 받을 수 있었다는 것. 이날 피고인들의 최후진술을 들으면서 눈물을 뿌리는 방청객들도 많았다. 눈언저리가 붉어진 한 해고 근로자는 "바보같이 왜 16만원이야, 많을수록 좋은 거지"라며 법정을 나섰다.

대우어패럴의 자본금은 25억 원. 1983년에 25억 원, 1984년 연 36억 원의 흑자를 냈던 기업이다. 그런데 노동자들이 1984년 임금인상시기에 단체교섭 및 단체행동을 통해 인상시킨 임금은 일당 단돈 100원이었다. 대우어패럴 노동조합의 1985년 임금투쟁의 목표는 월 10만 원 미만의 저임금 일소였다. 당시 여자 양성공 초임 2,310원, 여자 본공 초임은 2,510원, 남자 초임이 3,710원으로 정부에서조차 주장해 온 월 10만 원의 최저임금에도 훨씬 못 미치는 수준이었다. 그들이 13차에 걸친 끈질긴 교섭을 통해 달성한 인상폭은 일당 27%(824원)의 인상이었다. "사실 회사가 위와 같은 인상안을 수락하는 것을 보았을 때 우리가 그 동안 얼마나 속아 왔는가를 쉽게 알 수 있었어요." 구속자 강 양의 말이다. 그들의 저임금이 회사의 경영 상태와 관계없었다는 주장이다.

노동문제 해결은 인간화의 과정

변호인들은 노동자들의 의식 수준이 지극히 높은 데 대하여 놀라지 않을 수 없었다. 구속노동자들은 조합을 이끌어 온 리더들이었기 때문에 특히 의식 수준이 높다고 볼 수 있겠으나, 어쨌든 그들은 그들이 처한 현실의 제 조건에 대한 명확한 인식과 논리를 지니고 있었다. 또한 그들은 기업과 국가를 위해 그들이 어떤 기여를 해왔는가에 관하여도 확고한 그들 나름의 철학을 지니고 있었다. 그들이 땀흘려 성취한 성과가 어떻게 배분되었는지에 관하여 그들 나름의 주장을 지니고 있는 듯했다.

대우어패럴 김 위원장의 최후진술은 그들의 의사를 집약하는 것이었다. "우리 회사는 수출업체다. 기계, 원단을 수입하여 우리의 노동력을 이용, 가공한 후, 다시 유럽이나 일본 등지에 수출하는 전형적인 가공무역을 하고 있다. 총력 수출로 선진조국 창조라는 구호가 있듯이 수출은 우리에게 지상명제였다. 자원 없고 기술 없고 대가리만 많으니 수출 안 하면 굶어 죽게 된다는 것이다. 그러나 우리나라의 수출은 잘살아 경제 개발하고 가난에서 벗어나기 위한 수출이 아니라, 출혈수출, 수출을 위한 수출, 적자수출, 덤핑수출이었고, 이러한 수출정책은 우리 노동자들에게 장시간 노동, 저임금을 강요했다. 저임금을 기반으로 수출했기 때문에 바이어가 제품 단가를 깎으면 우리는 깎인 만큼 더 일해야 했다. 말이 생산성 향상이지 설비에는 자본을 투여하지 않고, 노동자를 족쳐서 올리는 생산성 향상이란 실로 노동자의 뼈를 깎는 노동지옥, 그 자체인 것이다. 이렇게 해서 수출하면 떡은 외국기업이 먹고, 떡고물은 회사가 먹고, 노동자는 헛물만 켜는 수출이다. 대우어패럴은 대우재벌기업 중에서도 흑자비중이 큰 유수한 기업이다. '계란 먹으려면 닭을 키워라'는 말만 믿고 열심히 일해 온 우리를 바탕으로 비대해진 회사는 그 사회적 힘을 이용해서 우리의 노동환경을 거꾸로 규정해 버렸다. 우리는 임금노예로 전락하여 산업전사가 되었다. 작업장은 산업전선이요, 의무실은 야전병원, 기숙사는 내무반, 우리의 삶은 전쟁 그 자체였다."

 법정의 분위기를 숙연하게 만든 그들의 절규는 누구도 제지할 수 없었다. 부흥사의 공 군도 "부흥사는 양계장이고 우리는 알을 낳아주다 끝내는 켄터키치킨 집으로 보내지는 닭이었다"라고 비슷한 진술을 하였다.

 구속노동자들은 하나같이 그들이 노동조합의 일원으로 일하며 동료 노동자들을 위해 임금조건 등을 개선시킨 점을 자랑스럽게 생각하고 있었다. 대우어패럴 강 양은 "저같이 못 배우고 가진 것이 없는 자가 어떻게 동료 노동자를 도울 수 있다고 생각했겠어요, 그러나 조합이 결성되고 회사와의 투쟁을 통해 동료들의 임금을 인상시키는 성과를 거두게 되자 저는 인간으로서 자신과 긍지를 가지게 되었어요. 생의 보람을 느꼈어요"라고 말했다. 대우어패럴의 박 양은 그들의 임금투쟁을 이렇게 표현했다. "노동문제의 해결은 인간화의 과정이다. 인간화의 과정을 체험하며 나날이 달라져 가는 동료 노동자들을 보면서 나는 이제까지 살아온 어느 순간보다 가장 큰 생의 기쁨을 느꼈다."

13차에 걸친 끈질긴 교섭

 노동자들은 현행 노동관계법상의 문제점까지도 구체적으로 잘 알고 있었다. 제3자 개입금지, 직권중재제도 등 개선되어야 할 법제도에 관하여서도 전부 파악하고 있었다. 대우어패럴 김 위원장의 항소이유서는 한편의 이론서 같기도 했다. 필자가 보기에 노동자들의 의식이 이렇게 높아진 것은 노동야학, 상급 노조 및 종교단체의 교육, 지속적인 소모임 활동, 대학 출신 근로자들의 활동 등에 기인

한 것으로 생각되었다.

변호인들이 놀란 것은 그들의 이론적인 무장뿐만 아니라 그들의 투철한 자신감과 고도의 자기 통제력이었다. 법정에서는 학생 피고인들과 달리 별달리 구호를 외치는 일도 없었고, 검사와도 맞서서 그들의 주장을 떳떳이 개진했고, 증인에게도 날카롭게 질문을 던져 궁지에 몰아넣기도 했다. 그들은 강·온법을 구사하여 법정의 분위기를 리드해 나가는 것 같았다. 줄기차게 요구했다가도 기민하게 상황 판단을 하고 깨끗하게 물러서는 자제력도 보였다.

임금인상투쟁 역시 지극히 치밀하고 계획적으로 전개되었던 것 같다. 대우어패럴의 1985년 임금투쟁을 보면 이러한 사실이 적나라하게 드러난다. 그들은 무조건적으로 많은 것을 요구하지도 않았다. 그들은 임금인상투쟁을 벌이기 전에 설문조사와 시장조사까지 하는 치밀성을 보였다. 4개 시장과 3개 백화점에 노동자를 직접 파견시켜 시장조사를 시키며, 한편으론 시장조사를 그들과 일반소비자와의 빈부 격차가 어느 선상에 있는가를 인식시키는 기회로 삼았다. 10만 원에서 50만 원까지 하는 옷이 있는가 하면, 달걀값에도 엄청난 차이가 있고, 화려한 대리석과 휘황찬란한 실내장식이 있는 것을 보도록 하여 노동자의 소외가 무엇인가를 직접 느끼게 했다. 회사측의 끈질긴 반대에도 불구하고 노동자 700여 명으로부터 설문지를 받아내었다. 그리고 교섭위원까지 뽑아 교섭에 임했다.

그들은 13차에 걸친 끈질긴 교섭을 통해 그들의 목표를 달성했고, 교섭 과정에서 보인 회사의 무성의, 경멸적인 태도에도 굴하지 않고 인내와 집요함으로 그들의 요구를 밀고 나갔다. 교섭 과정 중에 조합원의 사기를 높이기 위해 임금인상 등반대회를 갔고, 몸에 그들의 요구 조건을 써서 붙이고 일하는 몸벽보투쟁까지 벌여, 종국에는 회사를 협상 테이블로 끌어들였다고 한다.
한마디로 완벽한 임금인상투쟁이었다. 그들의 용기나 각오 또한 무서울 정도로 굳건했다. 그들은 임금인상투쟁을 통해 많은 교훈을 얻고 있는 것처럼 보였다. 효성물산의 김 위원장은 "단결된 투쟁의 힘이 얼마나 대단한 것인가를 몸으로 깨닫게 되었다"고 말했다. "회사의 오만하고 성의 없는 태도를 단결로 굴복시켰다"고 대우어패럴의 이 군도 말했다.

집행유예보다 실형 반기는 노동자

그들은 이제 임금인상이란 회사의 너그러운 마음씨에 매달려서는 절대로 해결될 수 없고, 오로지 노동자들의 단결된 투쟁만이 해결의 지름길임을 절실히 느끼고 있는 것 같았다. 대우어패럴 김 위원장의 최후진술은 그들의 결의를 집약해 주고 있었다.

우리가 처한 현실에서 볼 때 우리의 삶 자체가 인간답게 살려는 투쟁이다. 손등과 손바닥이 분리될 수 없는 것처럼 노동자의 삶과 투쟁은 분리될 수 없다. 따라서 투쟁의 포기는 생존권 자체의 포기이다. 더 이상 버릴 것 없는 노동자로서 탈출구 없는 배수진을 치고 있는 우리에게 후퇴란 있을 수 없다. 희생의 어깨를 밟고 전진할 수많은 동지들을 기억할 때 나는 내 구속의 의미를 찾는다. 노동자의 투쟁은 아무리 탄압이 강해도 삶 전체이므로 없앨 수 없다.

그들은 한결같이 10개월 정도 구속되어 산 후, 1년 6개월에 3년의 집행유예를 받고 나갈 바에는 1년의 실형을 선고받고 형기를 다 채우고 나가기를 원했다. 실지로 대우의 김 위원장, 박 양에게 실형이 떨어지자 그들 본인은 물론 동료들도 이를 반기는 것 같았다. 그들은 석방되어 나가면 즉시 노동운동을 계속하겠다는 자세였고, 노동운동을 하는 데 집행유예가 붙어 있으면 거추장스럽다는 것이다. 다시 들어올 것을 각오하고 싸우겠다는 자세였다.

그들은 구속중에도 의연했다. 구치소 안에서 단식투쟁을 하는가 하면, 학생들과 연계를 맺고 구치소내에서 민주화투쟁을 벌였고, 소내 처우 개선을 시도하기도 했다. 교도소 안에서까지 메이데이 행사를 거행하고, 분신자살한 동료의 추도식을 가질 정도였다. 의정부 교도소에 수감중인 여자 노동자들은 일반 재소자까지 끌어들여 대대적인 처우개선투쟁을 벌여, 교도소 당국으로부터 상당한 양보를 받아내기도 했다.

한마디로 말해 이제 이들 노동자들은 회사가 마음대로 주무를 수 있는 어리숙한 존재들이 아니었다. 회사는 겸허하게 그들을 동반자로 인정하고 대등한 입장에서 그들을 대해야 할 것이다. 그들은 변호인들에 대하여는 우호적인 태도를 보였으나 변호인들이 조금만 빈틈을 보이면 공격해 들어올 것 같은 긴장감을 줄 때도 있었다.

노동조합 하면 공장문 닫겠다

동맹파업이 있었던 회사가 노조의 활동에 맞서 행한 탄압과 부당노동행위의 양태는 거의 비슷했다. 특히 대우어패럴의 경우 노조가 결성되면서 회사가 취해 온 갖가지 탄압과 방해공작은 노조탄압의 대표적인 사례로 특기할 만했다. 기업의 주목적이 이윤 추구라는 점을 인정하고, 최근 수출 여건이 어렵다는 점을 감안하더라도 기업이 어떻게 그와 같은 탄압행위를 감행할 수 있는지 근본적으로 기업의 도덕성 자체를 의심하지 않을 수 없었다.

대우어패럴은 대우그룹 산하 종업원 약 2,000여 명의 의류봉제 수출회사로서, 대우그룹이 원림산업을 인수하여 이름만 바꾼 회사이다. 이미 앞에서 기술한 것처럼 대우어패럴의 제반 노동조건은 회사가 근로기준법을 아예 외면하고 무시한 채 무법자처럼 군림하고 있는 듯한 느낌을 주었다.

대우어패럴의 김 양은 당시의 상황을 이렇게 술회했다.

한마디로 노조가 설립되기 전 대부분의 노동자들은 찜통 같은 작업장에서 눈뜨면 일을 해야 하는 기계적인 생활을 계속했어요. 장시간 노동과 비인간적인 대우 속에서 몸도 병들고, 마음마저 짓눌려 체념의식과 무기력 속에서 하루하루의 고된 생활을 때워 갔어요. 그러나 그와 같은 절망적인 상황 속에서도 일부 뜻 있는 노동자들이 산악회 등의 소모임을 통해 인간적인 신뢰를 다져 가면서 노동조합을 결성하는 작업을 진행해 갔지요. 그래서 섬유노조연맹의 도움으로 1984년 6월 9일 오후 7시 섬유연맹회관에서 105명이 참석한 가운데 드디어 노동조합을 결성했지요. 그때의 감격이란 말로 표현할 수 없는 것이었지요.

그런데 결성대회 도중부터 이 사실을 안 회사측은 간부 20여 명을 동원하여 결성대회장 안으로 들어오려고 하였고, 실패하자 자정이 넘어서까지 연맹회관을 포위하면서 공포 분위기를 조성했다고 한다.

 노조위원장 김준용의 진술에 의하면 회사는 조합이 설립되자 조합 탈퇴 강요, 강제사직, 해고, 강등, 부서 이동, 차별 대우 등을 감행했고, 폭행, 미행, 납치, 감금, 회유, 매수, 기숙사 추방, 공포 분위기 조성, 유언비어 살포 등 온갖 부당 노동행위를 자행했다고 한다. 회사는 우선 김 위원장에게 잘 봐달라고 하며 제주도 여행을 권하였고, 한편으로 "노동조합을 포기하지 않으면 공장문을 닫아버리겠다. 부산본부로 승진발령을 내었다가 3년 후 상경시키겠다"고 위협했다고 한다. 조합원 김인순 양을 인천 뉴송도 호텔 306호실로 데리고 가 10시간을 감금한 채 "1,000만 원 주겠다. 시집 보내고 장래를 보장해 주겠다. 3일 동안 집에 보내 주지 않겠다"는 등 회유와 협박으로 공포에 떨게 했고, 양경옥 부위원장에게도 비슷한 일을 자행했다고 한다. 거절하는 김 위원장에게도 1,000만 원짜리 수표가 막무가내로 쥐어졌는데 나중에 우편으로 돌려 보냈다고 한다.

합의각서 이행 않은 사장

 법정에서 김 위원장이 1,000만 원짜리 수표를 받았다고 하자, 방청 온 동료 노동자들은 '와' 하는 탄성을 질렀다. 월 10만 원의 노동자에겐 10여 년 동안의 월급에 해당하는 거액이기 때문일 것이다. 그래서인지 대우 정 양은 "노조 깨는 돈은 있어도 임금 인상을 할 돈은 없단 말인가" 하고 탄식했다.

회사는 남성 노동자를 사주하여 조합반대시위를 벌이고, 노동조합 간판을 떼어 밟아 버리도록 했고, 반장 주임 등을 시켜 공공연하게 조합탈퇴원서를 받아냈다. 조합 활동에 적극 참여했던 조경행 등 4명이 일감이 없었던 작업시간에 동전놀이(짤짤이)를 했다는 이유로 도박으로 몰아 해고를 시켰다(그후 해고가 무효라 하여 노동위원회로부터 복직명령이 내려졌다).

변호인들을 놀라게 한 것은 회사가 축구부를 확장한다는 명목으로 은밀히 200여 명을 신규 채용하여 각 부서에 배치한 후 이들을 조종하여 조합원들에 대한 협박과 공갈, 구타를 일삼았다는 점이다. 회사는 더 나아가 반조합적인 단체인 두꺼비회를 조직하여 특별 우대를 하며 조합과 맞서게 하였다. 심지어 하기 수련회를 갖기 위해 300여 명의 조합원이 관광버스로 출발하려 하자 회사측의 지시를 받은 남자 노동자 30여 명이 버스에 올라타고 출발을 방해하여 4시간이나 늦게 출발해야 했고, 밤 10시경 현지에 도착하여 계획된 프로그램을 진행하고 있을 때, 현장 관리자, 사무실 직원, 축구부원 등 200여 명이 경기도 가평까지 쫓아와 프로그램의 진행을 방해했다.

조합원인 기숙사생들을 퇴소 조처시키고, 조합원을 미행 감시하며 '문을 닫으면 닫았지 그냥 놔두지 않을 것이다', '대우그룹은 노조 때문에 대우어패럴에서 손을 뗐다'는 등 유언비어를 퍼뜨려 공포 분위기와 불안감을 조성하였다.

노동조합은 이러한 회사의 탄압에 대항하여 부당 노동행위 구제 신청을 했고, 노동부 관악지방 사무소에 고발장을 제출하는 동시에 한국노총과 정부종합민원실, 민한당 등에 진정서를 제출하였다. 그리하여 한국노총이 부당 노동행위가 가장 심각하게 자행되고 있는 대표적인 사업장으로 대우어패럴을 지목하고 이틀간 조사단을 파견하였고, 민한당 구로지구당 김병오 의원도 찾아와 부당 노동행위를 조사해 가기도 했다.

  변호인들을 가장 놀라게 한 점은 회사 사장이 공개적으로 합의각서까지 쓰고도 이를 지키지 않아 분규를 가속화시킨 사실이었다. 조합이 김인순 양의 납치사건과 관련하여 항의를 벌이자 회사측은 노조탄압 중지, 기숙사 추방조치 철회 등 4개항을 수락함으로써 노사간에 합의가 이루어졌으나, 위 합의 사항이 지켜지지 않아 2차에 걸쳐 이행을 촉구하는 농성이 있었고, 회사 사장도 다시 합의각서를 작성해 주었다.

  그런데 회사측이 노조와 맺은 합의각서를 무효라고 하면서 약속한 해고자 4명의 복직을 이행하지 않고 보복 조처를 강화하자, 다시금 조합원들은 한국노총을 찾아가 집단농성을 벌였다. 그리하여 노총간부들의 주선으로 회사측과 교섭이 이루어졌다. 그 내용은 단체협약 즉시 체결, 해고자 4명의 복직 및 기숙사 퇴소자 즉각 입소, 노조탄압에 대한 사과문의 게시판 공개, 임금 인상(일당 100원), 회사와 경찰은 노조에 대한 보복 조처를 하지 않는다 등이었다. 입회원은 한국노총 사무총장, 차장이었다.

  그런데 놀랍게도 농성 조합원들이 합의 서명을 끝내고 회사가 준비해 놓은 버스로 회사에 돌아오자마자 회사 관리자들과 축구부의 깡패 200여 명이 술에 만취한 채 기다리고 있다가, 조합원들을 주먹과 각목으로 무자비하게 구타하여 농성에 참여했던 조합원 80여 명이 거의 중경상을 입었다.

이 가운데 2명은 의식을 잃었고, 김 위원장을 포함한 11명의 조합원들이 병원에 입원하였다. 대우어패럴의 김 양 말처럼 '합의문서의 잉크도 마르기 전에 당한 배신이었다.'

그후 회사측은 휴업을 하고 조합원 전원을 감금한 뒤 탄압과 파괴 활동에 나섰다고 한다.

그리하여 조합원 49명은 굳은 결의를 가지고 여의도 민한당사를 찾아갔다. 노총 사무총장 앞에서 합의한 내용조차 지키지 않아 민한당 당수 앞에서 합의를 받기 위해서였다고 한다. 그때서야 대우 김우중 회장이 달려와 노동자들은 회장의 말을 믿기로 하고 회사로 돌아갔다.

회사의 간부사원들은 증인으로 나와 시종일관 거짓말을 하여 변호인들을 격분케 했다. 빤히 들여다보이는 거짓말을 천연덕스럽게 계속하는 회사 간부사원들을 보았을 때, 목구멍이 포도청이라는 속담이 생겨날 정도였다. 몇 가지 예만 들어 보겠다.

대우어패럴의 한 간부직원은 증인으로 나와 자꾸 대우어패럴은 대우산하 계열기업이 아니라고 주장했다. 대우어패럴이 대우그룹 전체 체육대회에 출전하고 작업복에도 대우 마크를 달고 다니며, 의료보험도 대우 그룹에 속해 있는데 엉뚱한 거짓말을 늘어놓고 있었다. 필자가 "그렇다면 김 회장님이 대우어패럴 노동자들이 농성중이던 민한당사로 왜 찾아왔습니까?" 하고 반문하자 "대우어패럴이 이전에 대우 그룹 산하에 있었고, 대우어패럴의 중견간부들은 모두 김 회장이 키운 자식이나 다름없어 아끼고 걱정하는 사람들이다. 시집 보낸 딸 걱정하는 것은 당연한 것 아니냐. 그래서 간부들을 도울 겸, 노동자들을 사랑하기 때문에 인도주의적 견지에서 간 것이다. 11월 이후 노조 대표들과 만난 것도 인간 김우중 자격으로 만난 것이지 대우 그룹 회장 자격으로 만난 것이 아니다. 노조위원장에게 1,000만 원 준 것도 마찬가지다"라고 치졸한 변명을 늘어놓았다.

대우의 정 양은 '대우 회장이 자랑스러운 세계기업가상을 받았기 때문에 대우어패럴이 대우 산하기업이라 하면 자신의 명예에 손상이 가기 때문일 것'이라고 말했다.

더욱 변호인들을 아연케 한 것은 노동조합과 합의한 각서를 불이행한 이유에 관한 증언이었다. "합의서는 작성된 것이 사실이나 신변의 위협을 느끼는 분위기에서 작성된 것도 있고, 노동자들이 떨어져 죽겠다고 소란을 피워 그들을 보호하기 위해 거짓 합의한 것이다." 처음부터 지키지 않을 것을 전제로 합의했고, 노동자들을 보호하기 위해서라는 것이다.

회사의 노동자들까지 나와 할 수 없이 거짓 진술을 하자 부흥사의 안 군은 "주체성을 상실하고 끌려가는 인생! 동료들이 실업의 고통을 겪기 싫어 회사측의 요구를 이겨내지 못하고 우리에게 불리한 진술을 하는 것을 볼 때, 내 지난 일을 보는 것 같아 가슴이 아프다"고 측은해 하는 모습을 보이기조차 했다.

단체교섭시 회사의 냉대와 무성의도 문제였다. 제4차 임금교섭때 노사간에 오고간 대화 한 토막을 옮겨 보겠다.

노조측 주장: 전 대통령께서도 저임금 10만 원을 없애라고 하지 않았는가. 물가는 치솟는데 왜 임금은 안 올리는가.

회사측 주장: 대통령한테 올려 달라고 그러지. 청와대 가서 그래.

가난한 근로자들이 국 끓일 때 왜 비싼 멸치를 넣어 먹느냐. 미원이나 조금 넣어서 먹으면 돈이 덜 들 텐데, 왜 비싼 것을 먹느냐. 처음부터 3만 원을 요구했으면 1,000원은 올렸을 것 아니냐.

대우어패럴 강 양은 이렇게 탄식했다. 회사측의 태도는 갈수록 가관이었다. 멸치도 먹지 말고 살라는 식의 발상은 '근로자를 가족처럼'이라는 표어가 얼마나 허구인가를 여실히 보여주는 것이었다.
동맹파업시 회사들이 보여준 태도도 문제였다. 파업이 일어난 원인에 관하여는 따져 보지도 않은 채 어떻게 해서라도 파업만 종식시키려는 자세였다. 음식 차단, 단전·단수로 5일간 허기에 지치게 하여 농성을 해산시키려 했고, 노동자들의 부모, 형제에게 '당신 딸이 회사를 망치고 있다, 불순분자의 책동에 놀아나고 있다'라고 겁을 주어 그들로 하여금 농성 현장에 나오도록 하여 '엄마 왔다 빨리 나와라. 얼굴만 보자' 등 눈물겨운 이산가족(?)찾기 운동을 재현시켰다. 또한 〈불효자는 웁니다〉〈무정천리〉 등 계속 구성진 노래를 틀어대며 조합원들의 마음을 동요시키려 했다.

굶어부스럼…… 노조간부 구속

대우어패럴의 김 위원장 등 조합간부 3명의 구속은 조합원들뿐 아니라 다른 구로공단 노동자들에게도 무척이나 충격적인 사건으로 받아들여졌던 것 같다. 이미 두 달 전에 있었던 임금인상투쟁을 불법이었다고 하여 노사가 원만한 합의하에 임금 교섭을 마무리짓고 평화적인 노사관계에 돌입한 후임에도 불구하고 전격적으로 구속조치를 한 것은 정부의 노동정책 전반에 관한 중요한 전환을 의미하는 것으로 노동자들에게 비쳐진 모양이다.

특히 사전영장이 발부된 점, 임금인상교섭이 타결된 후 노사간에 평화로운 관계가 지속되어 왔는데 2개월 가까이 지나 갑자기 다시 문제삼은 점, 가장 모범적인 임금투쟁을 했다고 지적된 대우노조를 지목한 점 등 그들에겐 석연치 않은 점이 많았던 것이다.

이와 같은 경직된 노사관계에 대한 당국의 자세는 근본적으로 노동문제를 바라보는 잘못된 시각에 기초하고 있다고 생각된다. 정부는 노사관계에 있어서 대립이나 분쟁은 있어서는 안 되는 것으로 생각하고 있는 듯하다. 그러나 산업사회의 노사관계란 노동력을 팔고 사는 매매관계로서 본질적으로 이해가 대립되는 관계이다. 따라서 분쟁 자체가 없어야 한다고 터부시할 것이 아니라 그 분쟁 자체를 직시하고 이를 합리적으로 해결해 나가기 위한 노력을 기울이는 것이 필요하다. 그리고 분쟁은 노사가 자율적으로 해결하는 것이 가장 효율적이고 바람직한 일이며, 그 자율적인 해결을 위해서는 노사가 대등성을 견지해야 한다. 그러나 현행 노동관계법은 노사간의 대등성을 보장하고 있지 않다. 제3자 개입금지 조항, 기업별 단위조합체계, 노조설립상의 제한, 직권중재제도 등, 너무나도 노동자들에게 불리하게 되어 있다.

사실상 현행 노동법하에서는 정부가 조정자가 아닌 규제자로 등장할 수 있게 되어 있다. 만일 노사관계를 치안유지적 차원에서 통제 일변도로 처리하게 된다면 노사관계는 음성화되어 참으로 우리 사회의 안정을 깨뜨리는 불안요소로 작용할 것이다.

검찰이 JOC(카톨릭 노동청년회) 출신자 등을 예외없이 구속 기소한 점도 문제였다. 농성 회사의 조합위원장은 구속하지 않고 평조합원인 대학 출신 근로자 도시산업선교회 출신자만을 구속한 처사는 형평에도 어긋나는 것으로 지적되었다.

계속 억누르고 고립시키면 정말 우리가 우려하는 저항세력으로 그들이 성장할지도 모른다. 그리고 검찰은 동맹파업 중 노동자들에게 폭행을 가한 회사 직원들은 단 한 명도 구속하지 않았다. 따라서 구속 노동자들은 "피해자들은 구속되고, 처벌을 받아야 할 가해자들은 구속되지 않았다"라고 분개했었다.

구속된 노동자 중 8명이 대학 출신 노동자였다. 필자는 이들을 만나기 전만 해도 대학 출신 노동자들은 대부분 대학 재학시 학생운동을 하다가 제적되거나 형사 처벌을 받아 정상적으로는 사회에 진출하기가 어려운 자들일 것으로 추측했다. 그런데 놀랍게도 8명 중 부흥사의 한 조합원을 제외하곤 누구도 학생운동을 한 전력이 없었다. 즉 형사 처벌은 물론 학사 처벌도 받은 사실이 없었다. 대학 다닐 때까지만 해도 조용히 지내다가 졸업 후 노동현장을 찾은 사람들이었다.

경이의 대상—대학 출신 노동자

특히 대학 출신 여성 노동자들은 대부분이 명문대학을 나오고 집안도 좋아 졸업 후 결혼을 하려고 마음먹었다면 누구보다도 좋은 신랑감을 고를 수 있었을 것처럼 생각되었다. 그런데도 그들은 자신들의 기득권을 포기한 채 견디기 어려운 노동현장을 스스로 선택하여 들어갔다.

필자가 분명히 느낀 한 가지 사실은 그들 모두가 누구보다도 강한 사랑, 즉 인간애를 지니고 있었다는 점이다. 어릴 적부터 독실한 기독교 신자였던 부흥사 전 양의 경우만 해도 그녀의 출발점은 노동자에 대한 사랑, 헌신이었다. 다음은 그녀의 항소이유서 중 부흥사에 입사하게 된 동기 부분이다.

 1975년 고교 졸업 후 7월에 원림 제2분공장이라는 뚝섬에 있는 조그만 봉제공장 사무직원으로 취직하였어요. 그곳에서 내가 하는 일은 작업 시작과 끝을 알리고 바늘과 실, 지퍼 등 자재를 관리하는 일이었지요. 처음에는 30초만 일찍 벨을 울려도 제품을 몇 매 손해 봤다고 야단치는 사장님이나, 30초만 늦게 벨을 울려도 견습공을 보내 벨을 울리라고 성화대는 미싱사가 모두 이해되지 않았어요. 나로 하여금 충격을 느끼게 했던 것은 12, 13세의 어린 소녀들이 발길로 채이고 온갖 욕설로 들어 가며 일을 하는 것이었지요.
 그들의 하루 일당은 230원이었고, 식대가 한 끼에 60원씩, 세 끼 180원을 공제하고 나면 하루에 50원 남는 생활이었지요. 그러니까 잔업, 철야, 특근 등이 그나마 그들의 수입을 유지해 주었어요. 작업은 일찍 끝나는 날이 밤 10시요, 보통 밤 12시, 새벽 2시 심지어는 새벽 4시까지 일을 하고도 그 다음날 8시에 다시 출근해야 했어요.
 나는 그들을 위해 무엇을 할 수 있는지 고민하기 시작했지요. 사무실에 멍하니 앉아 있는 게 죄스러워 사장님께 나도 현장에서 그들과 함께 일하겠다고 부탁드렸어요. 함께 일하면서 그들을 나와 같은 기독교 신자로 만들어 그들의 힘든 생활을 신앙으로 인내케 해야겠다고 생각했어요. 그래서 밤 10시에 작업이 끝나는 날은 그 다음날 새벽에 그들을 깨워 새벽기도회를 데리고 다녔어요. 그러나 그것이 진정 그들을 위한 길인가 하는 회의에 빠졌어요.

그래서 내가 하나님을 잘 설명하고 그들을 신앙으로 무장시켜 주체적인 인간이 되게 해야겠다고 생각하고 신학대학에 들어가기로 결심했어요. 〔…중략…〕 부모님을 졸라 한신대학 야간부에 등록한 후 다시 원림 제2분공장에 찾아가 사장님께 전후 사정을 설명하고 공장기숙사에 기거하며, 오후 4시에 퇴근하여 학교에 가고, 갔다 와서는 밤 12시 혹은 새벽 2시까지 보충야간작업을 했지요. 〔…중략…〕 졸업 후 내 뜻을 펴기 위해 공단지역에 일자리를 구했어요. 구미공단의 노동자들 약 300명을 모아 고등학교 과정을 가르치는 야간학교의 교사와 그 학교 부속교회 전도사를 겸직할 수 있는 일자리를 얻었지요.

구로3공단 주식회사 한 회사에서 일당 1,300원 받는 노동자가 되었어요. 나이 먹은 시다, 당시 자장면 한 그릇에 500원 하여 우리의 하루 일당으로 자장면 세 그릇도 먹을 수 없는 기막힌 생활이었지요. 그리고 시다 생활 후 일창산업에 미싱사로 들어갔고, 그 멋진 통근버스에 반해 부흥사에 입사했어요.

춥고 헐벗은 곳을 외면 못해

실로 그녀가 걸어온 길은 감동적이었다. 대학 출신 여성 노동자들, 필자에게 있어선 그들은 한국의 시몬느 베이유처럼 느껴졌다. 대학 때 불교학생회에서 활동했다는 로옴코리아의 장 양도 "어릴 때 단순히 가난한 사람들을 불쌍히만 여겨 왔지만 대학에 진학한 뒤 사회적·역사적 구조를 배우면서 자신의 행복한 생활이 다수의 불행을 토대로 하여 존재한다는 사실 때문에 괴로워했어요. 이들의 불행을 방관만 할 것이 아니라 그 불행 속에 뛰어들어 그것을 해결하려고 노력하는 것이 원리적인 지상명령이요, 진정한 구도의 길이라 믿게 되었어요"라고 현장에 뛰어든 동기를 털어놓았다.

　부흥사의 장 양과 대우어패럴의 박 양은 모두 야학을 통해 노동자들을 접하고 그들의 비참한 생활에 눈을 돌려 종국에는 노동현장에 뛰어든 경우였다. 사회 일각에서는 대학 출신 노동자를 위장취업자, 목적을 달리하는 근로자, 생계를 목적으로 하지 않는 근로자 등 여러 가지로 부르며 그들을 불온시하고 있다.

　필자는 짧은 시간이나마 그들과의 만남을 통해 그들이 그처럼 불온의 대상이 될 노동자들은 아니라고 확신했다. 물론 그들의 속마음을 알 길이 없다. 그러나 가장 극적인 순간에 만났기 때문에 피부로 그들의 분위기를 감득할 수 있었다. 그리고 그들의 출발점도 인간에 대한 사랑이요, 끝도 인간에 대한 사랑임을 확인했다. 설사 그들이 일시 불온한 사상을 포지하고 있다 치더라도 그들의 인간적인 바탕, 심성으로 보아 이 사회가 건전한 방향으로 나아가기만 하면 틀림없이 사회 발전을 위해 뛰어난 역량을 발휘할 것으로 기대되었다.

　법정에서 한결같이 일반 노동자들은 "우리를 무엇으로 보느냐. 우리의 자존심을 건드리지 말라. 우리가 대학 출신 노동자들에게 끌려다니는 존재로 아느냐"고 분개했다. 대우어패럴의 김 위원장은 이 점에 관하여 지극히 해학적으로 응수했다. 그의 최후진술의 일부를 소개한다. "내가 노동자고, 내가 선동받은 일이 없는데 왜 자꾸 제3자가 나서서 선동받았다고 하느냐(검사님 미안합니다), 내가 똥 누는 데 검사님이 힘주는 꼴입니다."(폭소)

　대학 출신 근로자인 부흥사 이 양은 이렇게 말했다. "대학 출신 지식인들이 노동자들을 도우려 하자 그들을 불순분자로 몰아 노동자를 고립시키려 하고 있다. 이것은 분명히 일반 노동자와 대학 출신 노동자와의 이간책이며 노동운동을 약화시키려는 의도에서 나온 것이다."

또한 필자를 놀라게 한 것은 그들이 노동현장에 들어가 실제로 생활해 온 모습들이다. 로옴코리아 사건에 증인으로 나온 권 양의 증언이다. "'장 양은 2년간 개근하면서 성실히 근무했기 때문에 나중에 관리자들로부터 반장으로 추천을 받았습니다. 매사에 솔선수범하고 도서 정리를 하는 등 조합원으로서 남들이 하지 않는 궂은 일도 혼자 묵묵히 해내어 타간부들에게 많은 감화를 주었어요. 동료가 어려운 일을 당하면 같이 의논해 주고, 아플 때는 병문안도 와 주는 자상한 언니였기 때문에 많은 동료들이 그를 따랐어요. 공장 내에서 그를 '신선'이라고 불렀지요."

그들은 일반 노동자와 조금도 다름없이 그들과 동고동락하며 생활해 왔다. 증인 권 양부터가 사건이 터지고서야 장 양이 대학 출신임을 알았다고 말했다.

언론이 외면한 구속노동자

재판이 진행되면서 노동자들의 비참한 현실이 적나라하게 법정에서 밝혀지자 재판장들도 상당히 호의적인 태도를 보였다. 구속자 가족의 편지에 답장을 해준 재판장도 있었다고 하며, 8시간 마라톤 재판을 강행하며 피고인들에게 설렁탕을 사주는 재판장도 있었다.

사실 몇 명의 증인이 채택되지 않고 보류된 점을 제외하면 재판 과정은 피고인들을 위해 상당히 자유롭게 진행되었던 것 같다. 피고인들에게 무제한의 진술이 허용되었고, 피고인들이 할 말을 다 했다고 생각되어, 심리 자체에 대한 큰 불만은 없었을 것으로 보인다. 재판장은 변호인이 있는데도 피고인들에게 증인을 심문할 수 있는 기회까지 부여했다. 법정석에서 야유와 고함과 박수가 터져 나와도 상당히 인내와 관용으로 대하는 느낌이었다. 모 재판장은 재판 후 나오면서 "내가 이런 재판을 할 자격이 있는지 모르겠다. 언제나 이런 재판 때는 자신이 부족함을 느낀다. 사실 신(神)만이 재판할 수 있을는지도 모른다"라는 심경을 토로하기도 했다.

한 가지 짚고 넘어가야 할 것은 언론의 편향적인 태도였다. 학생시위사건에 대하여는 굉장한 관심을 보이는 언론도, 노동사건에는 별로 관심을 보이지 않았다. 학생사건이나 정치인들 사건은 공판 때마다 신문에 크게 보도되었는 데 반하여 구로노동자 동맹파업사건을 비롯한 노동사건은 재판 과정이 언론에서 거의 다루어지지 않았다.

노동자들의 의식 수준도 이제 놀랍게 높아진 것 같다. 고도 성장의 혜택에서 소외된 노동자의 권력 주장이나 참여 주장을 언제까지 외면만 하거나, 없는 것으로 덮어 두거나 무조건 억누르기만 할 수도 없는 단계에 이르렀다. 임금이나 노사문제가 정치의 민주화 못지않은 우리의 절실한 현안임을 우리 모두가 깨달아야 할 때다.

노사간의 모든 관계에서 자주성과 대등성이 회복되어야 하고 노동자들에게 인간다운 삶의 가능성에 대한 확신을 다시 심어 주어야 한다. 그런 의미에서 노동관계법의 합리적인 개정과 최저임금제의 도입 등에 더 이상 주저해서는 안 된다.

정부는 기업을 너무 보호해 온 것 같다. 기업도 도덕성을 회복하고 개선된 분배를 위해 부담을 분담할 각오가 되어 있어야 한다. 저임금을 바탕으로 한 우리 경제의 경쟁력을 재편하는 차원에서 임금의 수준과 구조에 큰 수술이 있어야 할 것이다. (1986. 6)

3부
나의 친구, 서민의 벗 이상수

나는 충무경찰서 유치장 초대가수였습니다

인사동 골목의 '불량 변호사들'
―오늘의 만변 전신인 정법회 총무로 활약

이돈명(변호사)

5, 6년 전의 일로 기억된다. 늦가을 밤 인사동 골목의 한 식당에서는 끝없는 정담이 무르익어 갔다. 이른바『말』지 사건으로 알려진 보도지침 폭로사건의 피고인이었던 김태홍, 신홍섭, 김주언 3인이 항소심에서 무죄 선고를 받은 후 그들을 변론해 주었던 변호사들을 초대하는 모임을 마련한 것이다. 유명을 달리한 황인철, 조영래 변호사와 외국에 나간 박원순 변호사를 제외하고 나와 한승헌, 조준희, 홍성우, 이상수 변호사가 참석했다.

우리는 서로가 변호사와 피고인의 관계를 떠나 선배로서, 동지로서 어울려 지나간 날들을 되새기며 추억의 정담 속으로 몰입해 들었다. 이날 주흥이 무르익자 조준희 변호사가 '나를 빼고 여기에 참석한 변호사들은 모두 감옥살이를 한 불량한 변호사들'이라고 농담을 던졌다.

이상수 변호사도 민주쟁취국민운동본부 상임집행위원으로 활동하면서 대우조선소 노동자 이석규 사망사건을 조사하러 갔다가 구속된 바 있다. 한마디로 이날 참석한 변호사들이 겪은 고통은 인권변호사들이 얼마나 어렵게, 그리고 뜨거운 가슴으로 사건에 부딪혀 나갔는가를 잘 나타내 주고 있다. 이상수 변호사는 주로 학생들보다는 구속 노동자들을 위해 변론했는데 법정에서 예리한 법 이론과 헌신적인 정열로 공안검사들과 맞서 싸우는 모습은 얼마나 믿음직스러웠는지 모른다.

이상수 변호사는 그 특유의 듬직함과 덕성으로 우리 인권변호사들을 결집시키는 데에도 큰 접착제 역할을 했다. 오늘의 '민주사회를위한변호사모임'의 전신인 '정법회'를 조직할 수 있었던 것도 이상수 변호사의 리더십과 응집력에 힘입은 바 크다. 그는 위로는 조준희, 홍성우, 황인철 선배들을 잘 대하고, 동료인 조영래, 김상철 변호사 사이에서 조정 역할을 잘 해내며, 후배인 박원순 변호사를 이끌어 가며 총무간사로서의 역할을 훌륭히 해냈다.

나는 그때 '저 친구는 변호사를 하는 것보다도 오히려 정치를 하면 잘하겠구나'라고 생각을 했는데, 이상수 변호사는 6월 민중항쟁 이후 후배들의 권유로 정치에 뛰어들어 당당히 서울에서 당선되었고, 정치 초년생으로 일약 제1야당의 대변인으로 맹활약을 하게 되었다. 나는 그 모습을 보면서 '역시 이상수구나!' 하는 생각을 갖지 않을 수 없었다.

세월이 흘러 이상수 의원이 정치를 한 지도 이제 거의 15년이 지난 것 같다. 그 동안 성장을 거듭하여 요즈음 집권당의 선출직 원내총무로서 활동하는 모습을 보며 나는 그에게서 희망의 정치를 기대해 본다. 그가 걸어온 발자취에 비추어 그는 우리 정치의 희망으로 떠오를 것이다.

패배를 인정할 줄 아는 포용력

이순재(탤런트)

아직도 많은 사람들이 이순재 하면 '대발이 아버지'를 떠올리지만, 가장 애착을 갖는 드라마는 1982년에 방영된 〈풍운〉이라는 드라마였다. 그때 나는 주인공인 대원군 역을 맡았다.

갑자기 20년 전의 드라마 얘기를 꺼내는 이유는 요즘의 정치권이 흡사 대원군 시대를 다시 보는 듯해서이다. 백성들의 어려움은 아랑곳하지 않고 오직 권력의 향배에 따라 대신들이 이리로 저리로 줄서기를 하면서 서로를 헐뜯는 모습은 예나 지금이나 비슷하다는 생각을 한다.

이런 시대에 나는 이상수 총무의 '상생의 정치'가 절실히 필요하다고 생각한다. 이 총무와 나는 총선에서 1승 1패를 기록할 정도로 팽팽한 맞수였지만 지금은 인생의 선후배로 막역한 사이가 되었고, 지역 발전을 위해서 내 역할이 있으면 기꺼이 돕기도 한다.

내가 이 총무와 가까워진 것은 이 총무가 보여준 통 큰 모습 때문이다. 14대 총선에서 잘 나가던 그가 나에게 패배했을 때, 선거 결과를 깨끗이 인정하고 나의 당선을 진심으로 축하해 주는 모습은 많은 사람들에게 감동을 주었다.

선거 후 이 총무를 만났을 때, '최선을 다했다. 결과가 나쁘다고 해서 그 이유를 남 탓으로 돌리면 자신에게 무슨 발전이 있겠느냐. 더 열심히 해서 다음에 다시 도전하겠다'고 말하는 모습이 참 신선했다. 나는 짧은 기간 동안 정치를 하면서 '정치는 희생과 봉사를 통해 빛나는 업적을 남기고 그 결과로 존경을 받게 되는 숭고한 일'이 되어야 한다고 줄곧 생각해 왔다.

나는 그 '일'을 이제 이 총무에게 맡으라고 권하고 싶다. 내가 가까이에서 지켜본 이 총무의 책임감과 용기, 일을 맡으면 최선을 다하는 추진력과 끈기, 그리고 패배를 인정할 줄 아는 포용력과 상생의 자세는 능히 그 같은 일을 해낼 수 있으리라 믿는다.

상대를 인정하고 존중하는 '이상수식 화합정치'가 만개하게 되기를 기대한다.

이상수 의원이 바로 태조 왕건?

김학철(탤런트)

나는 어떤 행사에서 몇 번 이상수 총무님을 만난 적이 있다. 배우의 직관력으로 그를 판단할 때, 그는 보기만 해도 기분 좋은 사나이다. 특히 그의 서글서글한 웃음과 묵직한 코는 어떤 안도감마저 준다. 이 예측불허의 시대에 그는 우리에게 어깨를 적시는 반가운 봄비처럼 다정다감해서 좋다.

사실 이 총무님을 나는 오래 전부터 알았다. 지금은 같은 당에 몸담고 있는 나의 친형 김창수 대전 대덕구지구당 위원장이『조선일보』기자로 있던 시절까지 거슬러 올라간다. 그 당시 형은 필명을 날리는 사회부 법조출입기자로, 나는 춥고 배고픈 연극배우로 활동하고 있을 때였다. 서슬퍼런 5공 시절 형은 간혹 나하고 소줏잔을 기울이는 자리에서 '곡필아세(曲筆阿世)'의 현실을 자조적으로 늘어놓으면서 인권변호사들을 '우리 시대의 희망'이라고 말하곤 했었다. 그래서인지 형은 인권변호사들에 대한 기사를 일간지에 아니면 월간지에 자주 올리면서 그들의 활약상을 집중 부각시키려 애쓰기도 했다. 거기서 나는 '이상수'라는 이름을 여러 번 만나게 됐다.
　이 총무님은 또 현재 대덕구지구당과 형제당의 결연을 맺고 있다. 그러니까 이 총무님은 형의 형이니 나한테는 대형에 해당된다고 해야겠는데, 그를 큰형이라고 불러도 누가 되지는 않을는지. 아니, 그렇다면 나의 큰 의형이니 말하자면 왕건 형이 되는 게 아닌가?!

　그건 그렇고, 난 몇 번 이 총무님의 연설을 듣고 어쩌면 저렇게 편안하게 대중을 흡인할 수 있을까 적잖이 놀란 적이 있다. 그는 화려한 미사여구도, 진실을 위한 치장도, 중언부언도 하지 않고 명쾌하게, 그러면서 친근하게 우리의 마음을 훔친다.
　그는 권위적이지 않아 좋다. 그는 항상 유쾌한 우리의 삼촌처럼 우리의 아픔을 어루만진다. 그의 지난 인권변호사 시절이 이를 증거한다. 또한, 그래도 세상은 살 만하다고 낮게 속삭인다. 그것은 천둥 소리보다 우렁차게 우리를 설득한다. 그렇다! 그는 강요가 아닌 설득의 정치인이다.
　언젠가 그를 만나면 소주 한잔 나누고 싶다. 그래서 세상은 살맛나지 않은가.

이상수 총무님, 큰 그림 그려 보세요

김건모(가수)

'**개**성파 ○○○.'
얼핏 들으면 멋있게 들리지만 곰곰이 생각해 보면 그리 달가운 얘기가 아니다.

개성파라는 수식어는 대개 못생겼거나 노래가 별로이거나 성격이 모나거나 할 때 으레 인사치레로 하는 말이기 때문이다. 그러나 나는 개성파라는 이야기가 좋다. 실제로 나는 스스로를 '엔터테이너 형 개성파'라고 생각한다.

나는 솔직히 포장(외모)은 별로이지만 댄스, 발라드, 리듬앤블루스, 랩 등 다양한 장르의 곡을 소화하고 입담 또한 만만치 않다. 그래서 나는 튀는 개성파이고 이것이 인기의 비결이라고 생각한다. 이런 관점에서 보면 이 총무님도 나와 같은 엔터테이너 형 개성파다.

가수 밥줄 끊을 정도의 노래 실력(노래방에서 이 총무님의 〈오 솔레미오〉에 나는 기절함)에, 용돈 잘 주는 삼촌 같은 따뜻함, 누구와도 잘 어울리는 호방한 성격 등등 인간적인 면에서 우선 이 총무님은 튀는 것 같다. 한마디로 표현하면 마음씨 좋고 겸손하고 자상하다는 이야기다.

내가 이 총무님을 좋아하는 이유는 노력하고 진지하다는 점 때문이기도 하다. 내가 대중문화에 관심이 많을 수밖에 없는 처지이고 보니 만나면 대중문화에 대해 이야기할 때가 많은데 그때마다 이 총무님은 어디서 전문서적을 읽고 온 수준으로 이야기한다.

그것도 조목조목. 그때마다 나는 느낀다. '야! 국회의원 똑똑해야 하는구나' 하고 말이다.

사실 나는 정치에는 문외한이다.

하지만 이 총무님과 만나 오면서 이 총무님 같은 사람들이 많으면 우리 나라 정치가 깨끗하고 참신하겠다는 생각 정도는 하게 됐다. 내가 이 총무님의 후원회에 단골 가수가 된 것은 순전히 이때문이었다. 나이 어린 사람이 주제넘은 소리인지는 모르겠지만, 이 총무님은 민주화운동 하다 감옥까지 갔다 온 변호사이고, 수신제가(사모님한테 다 들었음)에 다재 다능·경험 풍부(선출직 총무는 아무나 하는 것은 아닐 테고)하니 뭔가 대박을 한번 터트려야 하지 않을까 생각한다.

이 총무님! 큰 그림 한 번 그려 보세요.